諸宗教の歩み
事実と本質のあいだで

谷口静浩 著

晃洋書房

は　し　が　き

　私たちのうちには特定の宗教に深く関わっている者もいれば，宗教とは無縁に生きていると思い込んでいる者もいる．私たちの多くはこれら二つの立場のあいだで，宗教に広く浅くコミットしながら暮らしている．そして私たちはそれぞれの境遇において，宗教にたいしてさまざまな思いを抱いている．この思いは宗教にたいする正確な知識に基づくというよりもむしろ，私たちの周囲からもたらされる断片的な情報によるものであることが多い．例えばたまたま知り合った人がある宗教の熱心な信者でしかも非常に好感のもてる人であったということから，宗教一般にたいして好意をもつ場合があるだろう．もちろんその逆も少なくない．またいまパレスチナで起きている争いから，宗教は怖いと思う人も多くいるだろう．しかしこの争いの歴史的背景を正確に把握している人は多くないはずである．そしてこの歴史的背景を正確に知れば，この争いに宗教以外の要因が多く含まれていることに気づくであろう．もちろんこの不幸な争いへと人々を駆り立てた主要因が宗教であることも，また否定しえないのではあるが．

　「宗教はこれまで人類を幸福にしてきたのか」，「現在人々は宗教によって安穏に暮らしているのか」，「宗教は今後も存在し続けるのか」，これらは宗教にたいして突きつけられる非常に重たい問いである．そしてこれらのどの問いにたいしても私たちは，「はい」と答えることも「いいえ」と答えることも躊躇する．たしかに宗教によって救われたと思う人は，過去にも多くいたし現在もまた然りである．他方，宗教によって引き起こされた争い，殺戮は枚挙にいとまがない．現在の世界においても，国家間レベルでも個人間でも，宗教に起因するトラブルが報道されない日はない．さらに現代世界を規定する自然科学は歴史的に，宗教的呪縛からの解放という性格をもち，宗教による世界説明を否定することがその目標とされた．もし将来，「死後生」という宗教にのみ許されている領域が自然科学によって解明されることにでもなれば，宗教の終焉も現実のものとなるかもしれない．

　ところでさきほどの問いは，少なくとも最初の二つは，「もし人類の歴史に

宗教がなかったら」という仮定を暗に含んでいると考えられる．すなわち一番目の「宗教はこれまで人類を幸福にしてきたのか」という問いは，「もし人類の歴史に宗教がなかったら，これまで人類はより幸福ではなかったか」と言い換えることができるし，二番目の問いは，「もし人類の歴史に宗教がなかったら，人々の現在の暮らしはより安穏なものではないか」と言い換えることも可能である．しかしながら「もし人類の歴史に宗教がなかったら」という仮定自体，そもそも有効なものであろうか．というのも宗教は，人類が恣意的に創り出したり捏造したりしたものとはいえないからである．たしかに宗教の始まりには，権力掌握のさいに利用された宗教的権威という点が見逃せないであろう．しかしながらこのような利用が可能であったのは，人知の及ばない領域にたいする漠然とした恐怖といったものが人間本性に存在する——この人知の及ばない領域にたいする恐怖の最たるものは死後のあり方にたいする恐怖であろう——と同時に，人々はその領域を力強いものと感じその領域からの恩恵を期待したからではないだろうか．そして人々はこの人知の及ばない領域，あらゆる意味で人間的なものを超越した領域のうちに，恐怖と恩恵の源泉となる〈何かあるもの〉を感じ取り，この〈何かあるもの〉を「神（々）」と名づけたのではないだろうか．

　人類は古くから深く強く神々と関わってきた．この「古くから」を時代的に限定することは困難ないし不可能であるとしても，文字化されない詩歌を口誦していた頃にはすでに人々はたしかに神々のもとにいたし，文字の発明も神々との交渉に深く関係している．人類の文化の始まりは，神々を抜きに考えることができない．「神（々）」——この言葉こそ宗教の根本語であり，人間本性としての宗教の事実を証しするものである．すなわち人知の及ばない領域，あらゆる意味で人間的なものを超越した〈何かあるもの〉が神（々）と名づけられたこと，このことこそが言語現象としての宗教の始まりだと考えられる．そうだとすればそもそも「もし人類の歴史に宗教がなかったら」と仮定すること自体，意味がないのではないだろうか．しかしながらそれにもかかわらず，冒頭の問いが無くなることはないであろう．なぜならば冒頭の問いでいわれている「宗教」とは，人間本性に根ざす超越的なものとの関わりというよりもむしろ「宗教教団」，それもしばしば権力とともにある宗教団体が念頭に置かれている

からである．したがって宗教教団の形成が宗教にとって必然性，正当性をもつのかと問うことも不可欠なことであろう．

　本書は世界の大宗教や日本の宗教を扱う宗教史の概説書である．本書は筆者が長年にわたって担当してきた，大学での宗教史の講義を基に執筆されたものである．通常この種の概説書は，それぞれの分野の専門家によって寄稿された諸論文により構成される．どの分野においても専門家とはいえない，筆者のような宗教哲学を専門領域とする研究者によって書かれた本書に存在意義はあるのか——この本書の弱点はそのまま本書の魅力になりうると筆者は期待している．筆者は世界の大きな宗教の事実をその歴史に即してたどりつつ，宗教の本質に思いを潜めてきた．宗教史として宗教の歴史を個々にたどるだけではなく，宗教哲学として哲学的に宗教の本質へ突入するのでもなく，宗教史と宗教哲学の〈あいだ〉に留まること，これこそが筆者の長年の立場であり本書がめざすものなのである．筆者は数年前『ハイデッガーの思惟と宗教への問い』（2019年）を上梓した．この書はハイデッガーの思惟の究明をめざしたものであると同時に，宗教哲学として宗教の本質究明をもくろむものでもあった．一方本書では宗教の歴史的事実にどこまでも固執した．宗教の事実に留まりつつ，その歴史的変遷，他宗教との関わりを通して宗教の本質究明へと向かうこと，これが本書の課題である．この課題がどこまで果たせているのか，その評価は読者に委ねられることになるであろう．

　まず宗教の始まり，古代の宗教から考えてみよう．なお本書の性格から，注は本文中に（　）で示し，章末には参考文献のみを挙げた．

目　　次

第2章　ユダヤ教 ································41
──神教の原型

第4章　イスラーム（イスラム教）……………………105

第1章　宗教の始まり

　宗教は人類に限定される現象であるのだろうか．仏教では「一切衆生悉有仏性（一切の衆生はことごとく仏性を有する）」というが，この「衆生（sattva）」は本来，地球上のあらゆる生き物，生命をもたない存在者，さらには地球以外にまで範囲を広げた宇宙全体に存在するすべてのものを意味するはずである．しかしはたしてそこまでの存在者に，仏性あるいは宗教性が認められるのであろうか．たしかに例えば，ボノボのカンジのような人間の言葉を理解する類人猿に宗教性を認めることは可能かもしれない．またあるいはあらゆる存在者を神の被造物と見なす立場では，存在するものはすべて何らかの神の性質，何らかの宗教性を帯びているかもしれない．しかしながら私たちは本書で，言語現象として宗教を捉え，宗教の歴史に基づいて宗教の本質へ迫ることを目標に据える．したがって私たちの考察は，人類の宗教の歴史に限定されることになる．本章では，地球という惑星における人類の登場から始めて，人類の歴史の始まりにおける宗教のあり方を考察していきたい．

1　宗教の始まり

1-1　人類の始まり

1）　宇宙の誕生と生命の歴史

　宇宙の始まりはおおよそ138億年前のビッグバンに遡る．そしておよそ46億年前，地球を含む太陽系が誕生した．そしてこの地球で，およそ38億年前に生命が誕生した，と考えられる．地球上で新たに誕生した生命はきわめて緩やかな進化をたどり，およそ25億年前に真核生物が，約10億年前に多細胞生物が，そして約4億8000万年前には脊椎動物が登場した．さらにおよそ3億6000万年前には，それまで海中で育まれていた生命は，脊椎動物イクチオステガによって最初の上陸を果たした．その後ジュラ紀と白亜紀（およそ1億9000

万年前から 6500 万年前）における恐竜の繁栄などを経て，やがて人類の祖先となる類人猿が登場することとなる．

2）　人類の歴史

　国連の「世界人口白書」によると，2011 年に世界の人口は 70 億人に達したと推計されている．この膨大な数に及ぶ人類も，チンパンジーをはじめとする類人猿から分かれ，約 500 万年から 400 万年前にかけてアフリカで二足歩行を始めることによってその歩みを開始した．この二足歩行によって手の自由を得た人類は，やがて脳の容量が大きくなり知性をもつに至ったと考えられる．以下で現生人類へ至る歩みの概要を記すが，この歩みに関してはまだまだ資料も少なく学説も定まっていないことに注意して欲しい．

① 類人猿

　地質時代の区分に「中新世」と呼ばれる時代がある．おおよそ 2300 万年から 500 万年ぐらい前の時代であるが，この時代のものと思われる類人猿の化石が見つかっている．それらはとりわけケニアで多く見つかっており，そのいくつかを挙げると，ルシンガのプロコンスル（推定約 2000 万年前），ナチョラのケニアピテクス（推定約 1500 万年前），サンブル・ヒルズのサンブル・ホミノイド（推定約 950 万年前）などである．人類はこれらの類人猿から，およそ 500 万年前に分かれたのではないかと推測されている．

② アウストラロピテクス属（猿人）

　二足歩行を始めた最初期の人類がアウストラロピテクスで猿人と呼ばれる．約 360 万年前のものと推測される直立二足歩行の足跡がタンザニアのラエトリで見つかっている．またエチオピアのハダールで見つかった女性（ルーシーと命名された）の骨格の化石は約 310 万年前のものと推定される．ルーシーは直立二足歩行をおこなったものの，脳の容量はチンパンジーとほぼ同じであった．そして現在ではおよそ 330 万年前に最初の石器を使用したのはアウストラロピテクスではないかと考えられている．アウストラロピテクス属はおよそ 400 万年前から 100 万年前までアフリカに生存したとされる．

③ 初期人類（ホモ属）

　およそ 230 万年前に登場した「器用な人」を意味するホモ・ハビリスは最初のホモ属で，現生人類のほぼ半分の大きな脳をもち，本格的に道具の使用を始

めた．彼らの使用した礫石器はオルドワン型石器とよばれる．ホモ・ハビリス
は 180 万年ぐらい前までアフリカに生存したと考えられる．

　おおよそ 170 万年前に画期的な石器，両面石器が出現した．この石器は以前
の礫石器と異なり，かなりの「思考」を必要とするもので，この石器を創り出
したのはアフリカでホモ・ハビリスを継いだホモ・エレガスタであるとされる．
ケニアで見つかった「トゥルカナ・ボーイ」と名づけられた約 180 万年前の化
石はこのホモ・エレガスタではないかと考えられる．従来ホモ・ハビリスに続
くのは原人と呼ばれるホモ・エレクトスとされてきたが，これはアジアやヨー
ロッパに移動したホモ・エレガスタであると一応考えておきたい．彼らはホ
モ・ハビリスの約 1.5 倍の脳をもち，両面石器や，火，槍を使用した（火の使
用は約 45 万年前）．ヨーロッパの前期旧石器時代を代表するアシュール文化はこ
の人たちによるものと考えられる．これらの人たちは約 7 万年前に絶滅したよ
うである．

　④ネアンデルタール人

　およそ 35 万年前から 2 万 4000 年前まで生存したと考えられている．生存地
域はヨーロッパから中東，アジアと広い範囲にわたっている．彼らは武器や道
具を扱ったばかりでなく，音楽を奏で（動物の骨からできた楽器），言葉を話した
ことがほぼ確実である．というのもおよそ 6 ～ 5 万年前とされるネアンデル
タール人の舌骨が現代人のものとほぼ変わらないことから，その頃には言語を
使用して話すことができたと推測できるからである．またネアンデルタール人
の遺跡であるイラクのシャニダール洞窟からは，花とともに丁重に埋葬された
遺骨が発見されているが，仲間（肉親）の死を悼む行為が宗教的観念に結びつ
くものであるかどうかは即断できない．ネアンデルタール人には謎が多く，現
在の人類に直接結びつくものとは考えられていないが，現生人類のなかにネア
ンデルタール人の遺伝子がわずかに含まれていることが判明している．また同
時期に生存したであろうデニソワ人も現生人類に結びつかないとされるが，彼
らについてはまだよく分かっていない．

　⑤ホモ・サピエンス（現生人類）

　現生人類であるホモ・サピエンス（Homo sapiens）がネアンデルタール人につ
ながるものでない以上，現生人類はホモ・エレクトスから進化したものと考え

ざるをえない．原人はおそらく約 20 万年前ぐらいから徐々に脳容量を増加さ
せ，現生人類へと移行したのではないだろうか．ネアンデルタール人との関係
はよく分かっていないが，ひょっとするとホモ・サピエンスはネアンデルター
ル人を絶滅させたのかもしれない．ホモ・サピエンスであることが確認できる
クロマニョン人は約 3 万年前に出現したと考えられている．クロマニョン人の
遺跡（フランスのラスコー洞窟，スペインのアルタミラ洞窟）から見つかった動物の絵
（およそ 3 万年から 1 万 5000 年前に描かれた）には，狩猟の対象となる動物にたいす
る神聖視が見て取れ，これらの絵は呪術的意味をもったと思われる．またオー
ストリアで発見された，乳房や臀部が誇張された女性像（ヴィレンドルフの
ヴィーナス，約 2 万 4000 年前）からは多産への祈りが窺われる．

1-2　宗教の始まり

　さきに見たように，人類は類人猿から分かれて直立二足歩行を始めて以来，
徐々に脳の容量を増大させ知性をもつに至った．そしてその過程で言語を手に
することになるが，この言語の習得こそが宗教の始まりと密接に関係する．た
だ話し言葉から始まった言語使用の始まりを確定することはほぼ不可能で，さ
まざまな推測がなされることになる．

1）　言語使用の始まり

　世界的大ベストセラー『サピエンス全史』のなかでユヴァル・ノア・ハラリ
は，およそ 7 万年前に起こったと推測される認知革命，虚構の言語の出現に注
目する（『サピエンス全史』（上）39-43 頁参照）．伝説や神話，神々，宗教を生み出
す元となる虚構の言語の出現というハラリの考えは非常に魅力的なものである
が，「認知革命」，「虚構の言語の出現」そのものがたんなる想像にすぎず，こ
れを証明することはおそらく不可能であろう．しかし仮説としての有効性は認
められ，この有効性を支える大きな要素は虚構の言語を「集団行動」の可能性
と結びつけていることである．ハラリはいう，「虚構のおかげで，私たちはた
んに物事を想像するだけではなく，集団でそうできるようになった．〔…〕共
通の神話を私たちは紡ぎ出すことができる．そのような神話は，大勢で柔軟に
協力するという空前の能力をサピエンスに与える」．たしかにホモ・サピエン
スは当時存在したネアンデルタール人などの人種に打ち勝ち，それらを駆逐し

ていった．その原因はこれまで謎とされてきたが，ハラリはその原因を「集団行動を可能にした」というところに見，集団行動を可能にした決定的原因を虚構の言語，「神話」に求める．「言語の世界」，その世界は対応する実在物が存在しない場合であっても，人の心のうちで実在性をもつことができる．その実在性は人々と共有されることによって，その人々を結びつけていく．おそらくこのような考えはハラリの新説というよりも，他の専門家たちによっても提出されているものであろうが，非常に魅力的なものであることは間違いない．

2）原始宗教

クロマニョン人の遺跡やオーストリアの女性像の時代はもちろん，人類は長いあいだ狩猟採集生活をしていた．狩猟対象にたいする神聖視からは，生命活動を根底で支え生命を可能にする〈何かあるもの〉にたいする畏敬の念を見て取ることができる．そして人類はおよそ1万年ぐらい前から，狩猟採集と並んで農耕牧畜を始めた（新石器時代の始まり）．農耕牧畜が始まり定住が可能になると，狩猟採集生活における宗教観は変化を余儀なくされる．すなわち農耕牧畜は農作物の豊穣をもたらす自然の恵みを絶対条件とし，この恵みを人間の祈願によって引き寄せる祭祀という行為が重要になった．また豊饒を祈願する女性像（大地母神）も登場した．このようなもっとも初期の宗教は「原始宗教」（primitive religion）の名で呼ばれる．まだ文献によっては知られない段階の原始宗教は，人類が農耕牧畜を始めるようになってから本格化したことからも，豊饒を祈願する共同体の宗教であり，儀礼が中心で，呪術が大きな役割を果たした．

3）原始宗教の本質解明

原始宗教の本質解明は，アニミズム，アニマティズムと呼ばれる宗教形態によって試みられている．タイラー（E. B. Tylor, 1832-1917）は『原始文化』（1871年）において，霊魂，精霊，神祇といった霊的存在にたいする信仰のうちに宗教の起源，本質を見いだした．この考えはアニミズムと呼ばれる．それにたいしてマレット（R. R. Marett, 1866-1943）は，メラネシア人に見られる「マナ」といった超自然的，非人格的な神秘的力能にたいする情緒的反応のうちに宗教の起源を見いだそうとした（マナイズム）．マレットはこれをアニマティズムと呼び，アニミズムに先立つ段階（プレアニミズム）と考えた．

　原始宗教にはアニミズムやアニマティズム，さらにフェティシズム（呪物崇拝），ナチュリズム（自然崇拝），シャーマニズムなどの形態がある．シャーマニズムとは，神や精霊との直接接触から得た力能によって活躍するシャーマンに基づく宗教現象である．また原始宗教にはトーテミズムが広く見られる．トーテミズムとは，ある集団が特定の種の動植物（トーテム）と特殊な関係を結び，その動植物を崇拝する信仰であり社会制度である．そのさい，トーテムを殺したり食べたりすることはタブーとして禁じられる．

　４）　そもそも人間とは，そして宗教とは

　人間の宗教心とはもともと，狩猟採集生活の基礎となった信念，すなわち生命活動を根底で支え生命を可能にする〈何かあるもの〉，個々の人間を超えた〈何かあるもの〉にたいする畏敬の念と考えてよいであろう．そして農耕牧畜の開始以降，この畏敬の念を逆手にとって，この〈何かあるもの〉に働きを要請するようになる．宗教行為とはこのような要請を意味する．しかしそもそも類人猿から分かれた人類がなぜこのような宗教心をもつに至ったのか．そもそもチンパンジーは宗教心をもつのか．フランス・ドゥ・ヴァール（Frans de Waal, 1948-）は『チンパンジーの政治学』（1982年，邦訳『政治をするサル』）のなかでチンパンジーのもつ策略に満ちた政治性を暴露し，人々に衝撃を与えた．チンパンジーたちは，とりわけアルファオスは，さまざまな根回しを駆使して仲間たちの頂点に君臨する．そのさい，あくまでもチンパンジー同士の社会的関係がすべてなのであって，虚構としての〈何かあるもの〉が作用することはないように思える．しかし彼らが〈何かあるもの〉にたいして畏敬の念をもつことはないのか——おそらくその可能性は否定できないであろう．たしかに言語は虚構を創り出すし，この虚構は虚構でありながら大きな効力を発揮する．しかし人間がそれにたいして畏敬の念をもつ〈何かあるもの〉は虚構でしかないのか．むしろ畏怖の対象となる〈何かあるもの〉，大きな力を蔵した〈秘蔵されたもの〉をたんなる虚構として片付けてしまわないことが，心の世界を豊穣にするのではないか．豊かな心の世界は〈秘蔵されたもの〉を必要とし，この世界こそが「宗教心」であると考えるべきではないであろうか．

1-3　言語・文字の始まり

　人類はいつごろから言葉を使用したのか．さきにおよそ6〜5万年前のネアンデルタール人による言語使用の可能性に触れた．また約7万年前の虚構言語の出現という推測は，情報伝達が言葉の第一の役割であるとする考えが疑いえないものではないことを示している．おそらくホモ・サピエンスは数万年をかけて徐々に話し言葉，音声言語に豊かな表現を盛り込んでいったことであろう．そして人類の言語使用史にとって画期となったのが，言葉を書き留める文字の発明である．文字使用の濫觴は紀元前3000年頃のメソポタミアとエジプトに認められる．メソポタミアでは楔形文字の元となる前3200年頃の「古拙文字」がシュメールのウルクで発見されたが，これは文字というよりもむしろ「絵文字」の性格をもつものである．またほぼ同じ頃，エジプトでもヒエログリフ（聖刻文字）あるいはその元となる絵文字が現れたと考えられる．

　文字の発達にとって重大な転機となるのは，いわゆるアルファベットの発明である．最初期の文字はその数が非常に多く専門知識をもつ人たちしか使用できなかったが，一文字で一単音を表し，わずかな音素文字の組み合わせによって多くの単語が作られ多彩な表現を可能にするアルファベットの発明こそが，文字文化の発展に決定的な重要性をもった．最初のアルファベットは前14世紀のウガリト楔形文字に見いだせるが，現在のアルファベットにつながるものとしては前二千年紀中頃の原シナイ文字，原カナン文字が始まりだと考えられる．このような少ない数の文字の体系によってユダヤ教やキリスト教そしてイスラームの教典が文字化されたのみならず，ギリシア思想や仏教もまたこのような文字によって書き写された．本村凌二は「少ない文字種であらゆることを表記しようとする」アルファベット運動と，「ひしめきあう神々のなかでもわが民の神を至高の存在とする」一神教運動との底流でのつながりに注目する（『多神教と一神教』87頁）．もちろんこのような文字体系が言語のすべてではなく，中国の漢字のような表意文字も，アルファベットとは異なる体系でありながら独自の発達を遂げ独特な宗教思想を形成しているし，仏教思想は漢字文化のなかに翻訳され独自の展開を遂げている．

　ところで文字の出現に関してレヴィ゠ストロース（Claude Levi-Strauss, 1908-2009）は，文字の出現に必ず関連している現象として「階級化された社会，

主人と奴隷とから構成された社会，その人口のかなりな部分を他の部分の利益のために搾取している社会」を挙げ，したがって文字の最初の用途は「権力の行使」，すなわち「財産目録，カタログ，人口調査，法律，命令書」といった「物財や人間の統制，或る人々の他の人々と富とに及ぼす権力の表示」ということになると指摘する（多田智満子訳『レヴィ＝ストロースとの対話』28頁）．たしかにメソポタミアやエジプトにおいても，文字の出現は王朝の始まりとほぼ同時期であるといえる．またこの指摘は宗教組織化の始まりに関しても示唆を与えてくれる．すなわち宗教はその組織化の初段階において，ここで問題とされている権力と強く結びつき権力によって利用されることが多く見られた．例えばシュメール初期王朝時代を物語る「シュメール王朝表」（前二千年紀初期のもの）では，王の名に神格化を示す限定詞が付されていることから，王権は天から降ったものであり，宗教は王の支配の正当化のために役立てられたことが知られる（歴史研究会編『古代のオリエントと地中海世界』6頁以下）．

1-4 神話的思考

　人は得体の知れない〈何かあるもの〉にたいして，恐怖を感じ不気味さの感情をもつ．得体の知れない〈何かあるもの〉はその正体が隠されており，〈秘蔵されたもの〉である．そしてこの得体の知れない〈何かあるもの〉にたいする言葉による説明，しかも合理的な説明が神話であると考えられる．したがって通常の理解が及ばない物事の始まりやその終焉，とりわけ宇宙や人間の起源と終末を言葉によって合理的に語ること，説明することが神話の役割であった．そのさいに宇宙や人間の起源が神々の創造によるとされ，世界を超越し世界を創造する神（々）が登場することになった．さらにこの得体の知れない〈何かあるもの〉から，言葉による説明を通してその不気味さが取り除かれるとき，その不気味さを除去する言葉そのものに呪術的な力があるとされ，言葉によって〈何かあるもの〉を支配することが可能になると考えられた．そのため神話の朗誦は，宗教儀礼において主役を演じることになったのである．このように言葉は，とりわけ神話の言葉は，言葉そのもののうちに〈何かあるもの〉を蔵し，〈秘蔵されたもの〉を含みもつと考えられる．なお神話の言葉に関しては，拙著『ハイデッガーの思惟と宗教への問い』第7章「神話の言語と宗教」も参

照されたい.

2　古代の宗教

2-1　メソポタミアの宗教

　世界でもっとも早く農耕, 牧畜が始まったとされるティグリス川とユーフラテス川周辺のメソポタミア地方では, 南部シュメール地方において前 3000 年頃に都市国家が形成された. 彼らのシュメール語には, のちにこの地方の言葉となるセム語系の言語との類似は見られないが, 彼らの残した文明, とりわけ彼らが発明した文字 (楔形文字) は, のちにこの地方に生まれた諸文明に引き継がれることとなった. シュメール人の都市国家はやがて前 24 世紀後半にセム語系のアッカド王国によって統一された. その後シュメール人のウル第三王国によって再統一され, 前二千年紀に入ると南のバビロニアと北のアッシリアに分裂した. バビロニアは前 18 世紀半ばにハンムラビ王 (前 1792-1750 頃または前 1728-1686 頃) によってバビロンを都に統一され, 「法典」が定められた. また都市国家アッシュール (守護神アッシュールは土地の神格化による) として出発したアッシリアは, 前二千年紀はじめに繁栄を謳歌した.

　シュメール人は多数の神々を崇拝し, 都市の中心には守護神をまつる聖塔 (ジッグラト) や神殿が建立され祭礼が催された. 七つの神格として, アン (アヌ, 天空神), エンリル (エッリル, 大気神), エンキ (エア, 知恵の神), ナンナ (シーン, 月神), ウトゥ (シャマシュ, 太陽神), イナンナ (イシュタル, 金星の女神), ニンフルサグ (大地母神) が崇められた ((　) 内のカタカナはアッカド語名称). 人々は自然現象の背後に大きな力 (神々) を想像し, 神々への奉仕 (供物の奉納, 祭礼の儀式) を通じてその加護により日々の安泰を願ったと考えられる. この宗教はバビロニア, アッシリアへと引き継がれた. このようにメソポタミアに見られる最古の宗教は, 自然の諸力と結びついた多神教で, またそれは王の支配にたいして権威を与えるという明確な機能をもった. またとりわけ豊饒と多産への願いは強く, その役割を担ったイシュタル女神は, アシュタルテ女神 (フェニキア), アフロディテ女神 (ギリシア), ウェヌス・ヴィーナス女神 (ローマ) へと引き継がれた.

　古代メソポタミア地方の宗教文献として，つぎの二つを取り上げる．

　1）「人間創造」および「天地創造」の物語

　シュメールの「人間創造」神話としてアッシュール遺跡出土の粘土板で古バビロニア時代（前19-17世紀）後期のものが知られる．この物語の特徴は，人間が神々の血から神々に奉仕するために創造されたとする点である．また同じく古バビロニア時代のハンムラビ王の時代に成立したと推測される『エヌマ・エリシュ』は，アッカド語で書かれた天地創造物語で，バビロニア建設の主となった主神マルドゥクは万物の天命を定める者と位置づけられた．この物語においても，人間は神々の血から神々に仕えるために創造されたということになっている．さらにほぼ同時期の『最高賢者（アトラ・ハシース）叙事詩』に記された洪水伝説は，『旧約聖書』の「創世記」に取り入れられたことが注目される．

　2）『ギルガメシュ叙事詩』

　シュメールでは，前2600年頃実在したであろう都市国家ウルクの王ギルガメシュ伝承がシュメール語で語られていき，前2000年頃，『ギルガメシュとアッカ』，『ギルガメシュとウワワ』，『ギルガメシュ，エンキドゥ，天牛』，『ギルガメシュ，エンキドゥ，冥界』，『ギルガメシュの死』といった作品群が成立したと思われる．それらは古バビロニア時代（前1800年頃）にアッカド語で最初にまとめられ，中期バビロニア版を経て前12世紀頃に標準版（ニネヴェ出土）が成立したと考えられる．この叙事詩からは宗教にとって重要な，つぎのような要素が読み取れる（『ギルガメシュ叙事詩』からの引用は月本昭男訳を用いた）．

　① 畏怖の感情

　自然現象にたいする「畏怖」の感情，さらに神的なものにたいする畏怖，これはオットー（Rudolf Otto, 1869-1937）のいう「ヌミノーゼ」のごとく，宗教史の出発点となる感情である．この畏怖の感情の始まりは，まだ明確に「神」ともいえないものにたいする「薄気味悪さ」であることを，『ギルガメシュ叙事詩』のつぎの一節が教えてくれる．「友よ，わたしを呼ばなかったか．／なぜ，わたしは目覚めてしまったのだ．／わたしに触れなかったか．／なぜ，わたしは当惑しているのだ．／一人の神が通り過ぎなかったか．／なぜ，わたしの筋肉は萎えているのだ」（標準版，第4書板，第3欄，10-12．冒頭の「友」はエンキドゥ）．

おそらくここでいわれている「一人の神」はまだ明確に把握できない恐怖の対象といったもので，この畏怖の感情は，オットーが『聖なるもの』のなかで「宗教的畏怖」の前段階としての「デモーニッシュな畏怖」，あるいは「宗教史の展開の始まり」としての「不気味さの感情」と呼ぶものであると思われる（久松英二訳『聖なるもの』35/36頁参照）．不気味なもの，それはその内容が分からないもの，つまり「隠されたもの」，〈秘蔵されたもの〉にたいする怖れの感情といえるだろう．そしてこの感情の対象こそが「神のようなもの」であると思われる．『ギルガメシュ叙事詩』では畏怖の感情の対象にたいして「メランム（畏怖の輝き）」という概念が充てられているが（標準版，第9書板，第2欄，8），このメランムを本村凌二は「眩惑と畏怖とが一つに融合した光源」，「神という存在をそのほかのものから際立たせる」ものと考えている（『多神教と一神教』27頁）．

　②死後生の追求

　この叙事詩のなかでは，永遠の生命を求めてさまようギルガメシュにたいして，死をも運命として引き受け，その運命を全うするという生き方が示されている．ギルガメシュと酌婦（女神）シドゥリとのつぎの対話は印象深いものである．「彼が〔冥界に〕くだってからは，わたしは生命を見出せなかった．／わたしは盗賊のように荒野のただなかを往きめぐった．／いまや酌婦よ，こうしてあなたにまみえたからには，／わたしが怖れ続けている死を見なくともよいようにして欲しい」（古バビロニア版M，第2欄，10-13，冒頭の「彼」はエンキドゥ，〔　〕は訳者による補足）．「ギルガメシュよ，お前はどこにさまよい行くのか．／お前が探し求める生命を，お前は見出せないであろう．／神々が人間を造ったとき，／彼らは人間に死をあてがい，／生命は彼ら自身の手におさめてしまったのだ．／ギルガメシュよ，自分の腹を満たすがよい．／昼夜，あなた自身を喜ばせよ．／日夜，喜びの宴を繰り広げよ．／昼夜，踊って楽しむがよい．／あなたの衣を清く保つがよい．／あなたの頭〔髪〕を洗い，水を浴びよ．／あなたの手にすがる子供に眼をかけよ．／あなたの膝で妻が歓ぶようにするがよい．／これが［人間の〔なすべき〕]業なのだ」（同，第3欄，1-9，［　］は訳者によって示された原文の破損箇所）．

　永遠の生命を求めるギルガメシュにたいして，女神シドゥリの示した解答は，

享楽的人生観とも受け取れるものである．この人生観は神々に奉仕するという宗教的な生き方と対極にあるもののように見える．しかしこの物語の核心は，享楽的人生を推奨することではなく，神々と人間のあり方の違いを強調することではないだろうか．人間を創造しその生命を手中に収めた神々，死をあてがわれた人間，その差異は乗り越えようのないもので人間はその分を自覚して与えられた生命を享受すべきだ──これがこの物語のメッセージではないだろうか．そしてこの考え方と共通するものが古代ギリシアにも見いだされる．

2-2　エジプトの宗教

　エジプトでの文明の始まりは，メソポタミア地方に劣らず古い．古代エジプトの第1王朝は前3000年頃から始まるが，このころからヒエログリフ（聖刻文字）の使用が始まったと考えられる．宗教に関してはもともとは動物崇拝が中心で， 隼 の頭をもつ天の神ホルス，山犬の頭をもつ死者の神アヌビスのように，頭が動物で人間の身体をもつ多くの神々が崇拝された．古代エジプトでは，ナイル川の氾濫によって農地の地力が回復したが，この毎年定期的に繰り返される死と再生の自然の営みが死生観の原型となった．人々は死後の世界に強い関心を抱き，冥府の神オシリスをめぐる神話が創られていった．また不死と復活を信じ，冥界への案内書の性格をもつ「死者の書」を残している．この死後生への強い関心は，来世を現世の延長と見なし，来世を経て再び現世に戻ることへの希求に関係する．エジプトでは多神教であったが，第5王朝期（前2479-2322）から太陽神ラーが主神として崇拝され，ラーの子であるファラオ（王）が地上を支配する神権政治がおこなわれた．古王国時代（前2682-2191），巨大なピラミッドが建設され，新王国時代（前1550-1070/69）には「死者の書」が書かれた（年代は日本オリエント学会編『古代オリエント事典』に拠った）．

1）　霊魂の不死と来世

　古代エジプトでは霊魂の不死と来世にたいする観念が育まれ，永生が祈願された．人間は霊，肉体，影，名前といった要素によって構成されると考えられたが，霊魂に関しては個人の生命力を表す精霊「カー」にたいし，中王国時代（前2025/20-1794/93）以降重要性を増した霊魂「バー」は移動する霊であり，個性をもち，人頭の鳥でイメージされた．人間はカーとともに創造されたのであ

り，カーは死とともに肉体を離れるが供物によって死後も生き続け肉体へ帰ることも可能であったが，その移動にはバーの協力が必要であった．またカーとバーが結合することにより不死のたましい「アク」になると考えられた．このたましいによって永遠の生命を得るため，死後肉体はミイラにされた．

2）　オシリスとイシス

　古代エジプトの来世信仰において中心となるのはオシリスとイシスである．この信仰はつぎの神話が基になっている．オシリスは弟セトの妬みからその身体が寸断されエジプト全土にまき散らされたが，オシリスの妹で妻でもあるイシスはオシリスの遺体を拾い集め蘇生させた．しかしオシリスの地上での復帰は叶わず，冥界の王として復活した．イシスはオシリスの子を身ごもりホルスを生んだ．オシリス神はもと穀霊であったが，復活ののちは冥府の神とされた．死者の裁判においては冥界の王オシリスが裁判長で，罪なき者は太陽の船に乗って楽園イアル野へ赴く．またイシスは生命の守護神であり，死者の守護神としても崇拝された．

3）　太陽神信仰

　太陽神にたいする信仰は下エジプトのヘリオポリスに始まった．ヘリオポリスの神話によると創造神アトゥムに始まる九柱の神々によって世界が展開するのであり，オシリス，イシス，セトといった神々もこの九柱に含まれる．太陽神ラーはアトゥムと習合して「ラー=アトゥム」として信仰された．ラーは第5王朝期より国家神とされ，中王国時代にアメン神が主神となると，ラーを受け入れて「アメン=ラー」が出現した．王ファラオがラーの後継者とされるように，王権は神権と結びついていた．

4）　死者の書

　「死者の書」は死者が冥界で復活するための呪文集で，ヒエログリフで書かれ，パピルスの巻物に書き写され副葬された．この呪文はもと口誦され口伝されたもので，「死者の書」に先立ち「ピラミッド・テキスト」，「コフィン・テキスト」として死者に添えられた．「ピラミッド・テキスト」は第5王朝期，第6王朝期（前2322-2191）に属するピラミッドに記された呪文で，第5王朝最後の王ウナスの墓室壁面に刻まれたものがよく知られる．そこでは呪文の力によって神々の世界へと導くことがめざされ，王が天の河を渡り復活の場に赴く

のを助けるための呪文などが記されている．そのさい呪文をかける対象は神々である．古王国時代が終わって一世紀を過ぎたあたりから「コフィン・テキスト」（棺柩文）が出現した．これは柩の上に呪文が書かれたもので，応報の思想が見られる．

　5）　マアト

　マアトは秩序を意味し，古代エジプトの政治，宗教にとって非常に重要な概念であるが，真理・正義・法則といった意味をも含みもつ．このマアトの維持こそがファラオの責務であった．また死者裁判のさいマアトは至高の存在で，死者の心臓と真理（マアト）を象徴する羽毛が天秤にかけられ，釣り合えば誓言は真実とされた．太陽神が世界を創造しマアトを定めるとされ，神々ですらマアトに従った．マアトは宇宙と生の根底で，アクエンアテン王によるマアトの重要視はよく知られる．またこのマアト概念はインドの「リタ」（天則）やペルシアの「アシャ」（天則）とつながるものであると見なせる．

　6）　一神教革命

　アメンヘテプ 4 世（位：前 1351-1334）はテーベからアマルナへ遷都した．テーベには先王アメンヘテプ 3 世の命で築かれたアメン神殿（ルクソール神殿）があり，そこでは守護神アメンがラーと習合してアメン=ラーとして崇拝されていた．アメンヘテプ 4 世はアテン神のみを唯一の神として崇め他の神々への信仰を禁止し，みずからの名までアクエンアテンと改称した．この時代に，写実主義的・自然主義的なアマルナ芸術が栄えたが，次王ツタンカアメンはアメン神を復活し，アテン神崇拝は短期間で終了した．

　7）　出エジプト

　第 19 王朝ラメセス 2 世（位：前 1279-1213）の時代に，モーセに率いられたイスラエル人のエジプト脱出が「出エジプト記」として『旧約聖書』に記されている．しかしこの脱出に関する情報がエジプト側の記述と異なることから，この出来事の真の姿は知りうるものではないが，ユダヤ人の歴史にとってエジプトの地が重要であることだけは間違いない．またエジプトを脱出した人たちがアクエンアテンの一神教革命と関係をもつという考えもあるが，それについてはユダヤ教のところでまた取り上げる．

8）　ギリシア文化との関わり

　古代エジプトの独特な文化は周辺地域の文化と交流をもったが，とりわけ古代ギリシア文化との関わりは特筆すべきものがある．早い時期では古代ギリシアのミノア文明がエジプトに与えた影響が指摘されるが（大城道則『古代エジプト文明』参照），それのみならずギリシアの哲学的思惟に及ぼしたエジプトの影響は計り知れないものがある．エジプトに滞在し現地人の言葉を理解したピュタゴラスは，魂の不死という思想をエジプトで学んだと思われる．またソクラテスが追求する「正義」，プラトンがいう最高のイデアとしての「善のイデア」などには，エジプトのマアト概念との共通性が見て取れる．

9）　古代エジプトの宗教

　以上のように古代エジプトでは，セム語族に近いハム語族の言語を用い，ヒエログリフを使って独自性の強い宗教が展開された．その内容は多神教であったけれども，太陽崇拝が強く，太陽神ラーとの結合という形で，アクエンアテンの一神教革命のみならず，総じて一神教的傾向が見られたといえるかもしれない．また重要な役割を担ったマアトは，神ではあったが最高神ではなく，むしろ宇宙の「真理」として哲学的根本概念であり，この概念が「正義」として人間の道理となることで社会に秩序がもたらされた．このようなことからマアトに〈秘蔵されたもの〉の性格を見いだすことも可能である．またセム的一神教のなかにも，エジプトと深い関わりをもつイスラエル人を介してこのマアトが入り込んでいると考えられる．

2-3　ペルシアの宗教——ゾロアスター教

　これからはイラン，インド，ギリシアというインド・ヨーロッパ語族の言語に基づく古代宗教を概観していく．かつて印欧語系の言語にたいして，それらに共通する祖語を探る試みが盛んであった．しかしたとえ印欧祖語の究明は現在ほぼおこなわれなくなっているとしても，その言語によって宗教・文化を担った人たちに共通する宗教観，宗教儀礼が見られるのは事実である．古代イランでゾロアスター教の聖典『アヴェスタ』に関わった人たちは，『ヴェーダ』宗教の担い手であったインド・アーリア人とともに，もとはカスピ海の周辺に住んでいたと推定される．そのため「インド・イラン人」，「インド・イラン共

同時代」という言い方がなされる．このことは，『リグ・ヴェーダ』と『ア
ヴェスター』との言語的親縁性からも実証されるし，「リタ」と「アシャ」と
いった両者に共通する概念を挙げることもできる．

　印欧語系の人たちの宗教観には，絶対的なるものにたいする帰依よりもむし
ろ，みずからの「知恵」を救済に導く重要な要素と見なすという共通点が見ら
れる．この特徴はゾロアスター教においては，主神アフラ・マズダーが叡知の
主を意味することにも認められる．

　1）　開祖ザラスシュトラ

　ゾロアスター教は創唱宗教というべき面をもち，開祖はザラスシュトラであ
る．ザラスシュトラはゾロアスターあるいはツァラトゥストラともいわれ，
ニーチェの『ツァラトゥストラはこう語った』はザラスシュトラがモデルと
なっている．ザラスシュトラがいつの時代に生きた人かは確定しがたいが，現
在のところ前12世紀から前9世紀頃と考えてよいだろう．父はポルシャース
パ，母はドゥグダーウ，姓はスピターマであった．神官階級の出身で，ほぼ約
束された前途を捨てて20歳の頃に家を出て放浪の旅に出た．そして30歳の頃，
大天使ワフマンの導きでアフラ・マズダーに出会うことになる．ザラスシュト
ラがアフラ・マズダーのみにたいする崇拝を説き始めたところ，伝統的な多神
を崇拝する人々の同意を得られず苦境に陥っていたが，42歳の頃にナオタラ
族の王カウィ・ウィーシュタースパに受け入れられ，王の専属神官として活動
することとなったようである．ザラスシュトラがおこなった宗教改革は「一神
教革命」ともいうべき性格をもち，古代アーリア人が崇拝した多くの神々（そ
の筆頭はミスラ神）ではなく，アフラ・マズダーのみを崇めるべきとするもので
あった．

　2）　聖典『アヴェスター』

　『アヴェスター（パフラヴィー語名はアベスターク）』とは，ホスロー1世（位：
531-579）の時，口承された呪文の類がおよそ1500年の年月を経てゾロアス
ター教神官団によって文字化されたものである．この文字化のさいに「アヴェ
スター文字」が創案された．『アヴェスター』のなかでもとくに古い「ガー
サー」はザラスシュトラによって語られた教えではないかと考えられている．
またこのとき，『アヴェスター』の注釈書『ザンド』がパフラヴィー語（中世ペ

ルシア語）で作成された.

　3）　ザラスシュトラの思想

　6世紀に編纂された『アヴェスター』および『ザンド』に基づいてザラス
シュトラの思想が確定されていった．しかしザラスシュトラの時代から長い年
月を経て確定されたこの思想は，もともとのザラスシュトラの考えと完全に一
致するものでない可能性もある.

　①創造主アフラ・マズダー

　アフラ・マズダー（Ahura Mazdā，パフラヴィー語名オフルマズド）はゾロアス
ター教の主神で「一切を知り給う主，叡知の主」を意味する．アフラ・マズ
ダーはスプンタ・マンユ（聖なる霊）と一体となり，アンラ・マンユ（悪しき霊）
と対極をなす．このアフラ・マズダーという主神の名に見られる「知恵」の重
視こそ，インド・ヨーロッパ語系の宗教の特徴となるものである.

　②善悪二元論

　「ガーサー」のなかでザラスシュトラはアフラ・マズダーにたいして，「わた
くしにして力あるかぎり，不義者には真の敵であるが，義者には力強い助者と
なりたいのです」（「ヤスナ」43・8，『アヴェスター』からの引用は辻直四郎編『世界古
典文学全集3』所収の伊藤義教訳による）と語っているが，この願望こそがザラス
シュトラの思想の原点となるものだと考えられる．この義者と不義者に関して，
「第一〔の世界〕には／生〔不義者の生存〕と〔義者の〕生存不能とであるが，しか
し終末にある境涯は／〔ドゥルジに従う〕不義者どもには最悪なるも〔アシャに従
う〕義者には最勝なるウォフ・マナフ〔によって天国に迎接されること〕があると
いうこと」（「ヤスナ」30・4，〔　〕は訳者による補足，〔　〕は訳者の註に基づく筆者の
補足，以下同じ）が望まれたのである．すなわちこの第一の世界においてはむし
ろ不義者の方が恵まれるということがあったとしても，終末に展開する第二の
世界においては義者に最勝なる生が，不義者に最悪なる生が与えられるといっ
た正義の実現が期待されているのであり，この期待の前提となる義者と不義者，
善と悪といった二元論がザラスシュトラの思想の原理となる．この原理に基づ
いて『アヴェスター』にはアフラ・マズダーによって創造された陪神（大天使）
たちが登場する．スプンタ・アムシャ（聖なる不死者）としての神格にはウォ
フ・マナフ（善き意図），アシャ（天則），アールマティ（敬虔），クシャスラ（王

国），ハルワタート（完璧），アムルタート（不死）がおり，その対極にいる悪魔としてはアカ・マナフ（悪しき意図），ドゥルジ（不義），クローマティ（背教），サルヴァ（悪の王国），タルウィー（熱），ザリチャ（油）がいる．またザラスシュトラをアフラ・マズダーのもとへと導いたとされる大天使ワフマンは，ウォフ・マナフのパフラヴィー語名である．

③終末・最後の審判

　さきの引用で「終末にある境涯」に言及されていたが，世界の一神教にとって重要な要素となる「終末」という観念はザラスシュトラによって初めて提出されたものである．終末には最後の審判が伴い，真実者には救済が，虚偽者には永遠の苦しみが与えられることによって「不義者どもには最悪なるも義者には最勝なるウォフ・マナフがある」理想世界が実現することになる．「ガーサー」には「御身の紅い火により，マズダーよ，熔鉱をもって，／両軍に御身が下し給う神判を〔人々の〕心想中に印しとして付与してください，／不義者を滅ぼし義者を利益せんために」（『ヤスナ』51・9）といった視覚に訴える表現も見いだされる．

④神観念

　さきにザラスシュトラの宗教改革が「一神教革命」ともいうべき性格をもつと書いたが，だからといってアフラ・マズダーがセム的一神教の意味での「絶対神」であるかどうかは大いに疑問である．「ガーサー」には，「広く見通し給う〔アフラ〕よ，助けるために御身はわたくしに見せてください，御身たちの比類なき〔天上の〕物を——／〔すなわち〕ウォフ・マナフの報応たる，王国のそれを，アフラよ．／聖アールマティよ，天則に則り，もろもろのダエーナー〔我〕に教えてください．／そうすれば，ザラスシュトラ〔なるわたくしめ〕は，供物として，自身の寿命さえも／マズダーにささげます」（『ヤスナ』33・13-14）といった表現も見られる．ここではアフラ・マズダーが示す，人々を救う力，資質にたいしてザラスシュトラは自身の寿命さえも捧げようと誓っているわけであるが，このザラスシュトラの言表には，神にたいする絶対服従というよりもむしろ神への信頼とでもいうべきものが見て取れる．すなわちここに見られる神観念は，人間に峻峙する絶対神といったものとは異なるように思われる．

⑤死後の魂

霊的なものである我（ダエーナー），魂（ルワン）と物質的なものである肉体との分離が死であり，前者はチンワントの橋を渡って裁きを受けることになる．この魂はさらに終末において③で述べた最後の審判を仰ぐことになる．

⑥火の崇拝──拝火教

イランでは古くから火にたいする崇拝が認められ，拝火儀礼も存在したようである．「ガーサー」によると，アフラ・マズダーの「天則によって力ある」火は不義者と義者を分かつ力をもつとされる．また火はアフラ・マズダーの子ともされ，火を崇拝するゾロアスター教は「拝火教」とも呼ばれている．

⑦フワルナフ（光輪，無限の光）

イランに古くから見られるフワルナフという光明思想はザラスシュトラ伝説のなかに入り込み，フワルナフが母の胎内に宿ってザラスシュトラが誕生したと語られた．またフワルナフは火との関連も指摘される．さらにフワルナフは仏教に伝わり仏像の光背を形成したし，また「無量光仏」という形で浄土教に影響を与えた可能性がある（第5章5-1参照）．

４）　救世主サオシュヤント

サオシュヤントは「ガーサー」においてはザラスシュトラ自身や彼とともに活動する人々を指すが，ザラスシュトラ以後終末論的意味を帯びるようになり，終末における救済者とされるようになる．この未来における救済者という思想は，大乗仏教の未来仏やユダヤ・キリスト教のメシア思想に繋がると考えられる．

５）　盂蘭盆との関わり

有力な説として盂蘭盆のイラン起源説がある．魂を意味するウルヴァンが盂蘭盆の語源であるかどうかは不確かであるとしても，フラワシ（守護霊）と関係をもつゾロアスター教の祖霊祭が盂蘭盆行事と酷似することは注目に値すると思われる．

６）　ミスラ神崇拝──ローマのミトラス信仰へ

ミスラ神は太陽神として古くからイランで崇拝された神格で，ザラスシュトラ以降も根強く崇拝され続けた．やがてこのミスラ神崇拝は，牡牛を供犠することによりミスラの再生を祈願するミスラ教へと変貌する．このミスラ教は

1・2世紀のローマで，洞穴の入り口でミトラの再生儀礼をおこなう密儀宗教ミトラス教として盛んになった．このミトラス教はローマにおけるキリスト教のライバルとして，キリスト教の展開と密接に関わることになる．またミスラ神と弥勒菩薩との関わりも興味あるところである．

　7）　現在のゾロアスター教

　イラン高原のイスラーム化にともない，多くのゾロアスター教徒がインドへ移住した．彼らはペルシアから来た人々という意味で「パールスィー」と呼ばれた．現在ゾロアスター教徒の過半数がナヴサーリーやムンバイなどのインド西海岸に居住しており，ターター財閥をはじめ経済的成功を収めたゾロアスター教徒も多い．

2-4　インドの宗教

　インドの宗教といえばヴェーダからウパニシャッド，そしてヒンドゥー教へという流れがすぐに思い浮かぶが，このインド・ヨーロッパ語族のアーリア人によって担われた宗教以前に，謎の多いインダス文明が栄えた．

　1）　インダス文明

　インダス文明はいまだに解明されていない部分の多い謎に満ちた文明であるが，およそ紀元前2300年から1800年頃にモエンジョ・ダロとハラッパーを二大中心地として栄えた高度な都市文明である．出土品などから，そこでは母神崇拝，樹神崇拝，性器崇拝がおこなわれ，ヨーガや沐浴がなされていた可能性がある．このような宗教行為は，ヴェーダには現れないものの，ヒンドゥー教のなかには見られることから，インダス文明はインドの宗教伝統のなかに融け込んでいったと考えられる．インダス文明において使われていた文字はまだ解読されておらず，どのような神話をもっていたのかも分かっていない．ただこの文明は，現在主として南インドに住むドラヴィダ民族の先祖などによって担われたのではないかと考えられている．インダス文明地域はメソポタミアとの交流があり，メソポタミア側にその文献資料（楔形文字粘土板）が残っている．それによるとメソポタミアはインダス文明地域（メルハと呼ばれた）から鉱物資源，高価な木材，象牙などを輸入し，穀類や農産加工品を輸出していた．なおメソポタミア側にインダス文明に関する文献資料が残るのはアッカド王朝が始

まった紀元前 24 世紀から古バビロニア時代の前二千年紀前半に限られ，この時期はインダス文明の盛期とほぼ一致する．またインダス文字が刻まれた印章がメソポタミアで見つかっており，両地域の交流が裏付けられている（森若葉「コラム，メソポタミアとの交流」参照）．

　この文明がどのようにして滅んだかは明確ではないが，この文明の終末とほぼ同じ時期に，インド・アーリア人がヒンドゥークシュ山脈を越えて西北インドに進入してきた．彼らがもっていた宗教こそが『リグ・ヴェーダ』である．

　２）『リグ・ヴェーダ』

　インド・アーリア人の侵入は前 1500 年頃と考えられている．彼らは西北インド，パンジャブー地方に進入し徐々に先住民に取って代ったと思われる．アーリア人は，ヨーロッパ人たちと同じ人種であり，彼らはすでに宗教をもっていた．それはやがて『リグ・ヴェーダ』をはじめとするヴェーダ聖典にまとめられていった．ヴェーダにはリグ・ヴェーダ，サーマ・ヴェーダ，ヤジュル・ヴェーダ，アタルヴァ・ヴェーダの四つがあり，各ヴェーダは，サンヒター（本集），ブラーフマナ（梵書），アーラニヤカ（森林書），ウパニシャッド（奥義書）から成る．ヴェーダとは「知る」を意味する語根 vid から造られた名詞で，宗教的知識を表わし，その知識を載せる聖典の総称となった．またヴェーダは人間の著作ではなく，リシ（聖仙）が神秘的霊感によって感得したシュルティ（天啓書）であると考えられた．

　『リグ・ヴェーダ』は，前 1200 年頃に成立した祭式のための讃歌集で，神々には太陽神スーリヤ，風神ヴァーユ，火神アグニのような自然の諸現象や諸要素を神格化したものが中心で多神教である．神と人との関係は人間的，友誼的，親睦的である．さらに最新層の第 10 巻には最高神や根本原理の探求が見られる．またこの時代，死後肉体を離れた霊魂（アス：生気，マナス：意・思考）はヤマの王国に至り，祖霊と交わり永遠に楽しく過ごすと考えられた．

　① 主な神々

　主な神の名とその『リグ・ヴェーダ』における叙述を以下に挙げておく．

　インドラ：インドラはヴェーダ神話の第一神で，インドラの歌は全讃歌の四分の一を占める．インドラは雷霆神にして武勇神であり，ヴァジュラを放擲し悪竜ヴリトラを粉砕して人間界に水と光明とをもたらし，神界の帝王

となった.「われ今宣らん（の）, ヴァジュラ（インドラの武器, 電撃）手に持つインドラが, 最初にたてし勲業を（いさおし）. 彼はアヒを殺し, 水〔路〕を切り開き, 山腹を穿てり（うが）」(1・32, 以下ヴェーダおよびブラーフマナ文献からの引用は辻直四郎訳で, 『世界古典文学全集3』および辻直四郎『インド文明の曙』から引用.〔 〕の補足と（ ）の説明は訳者による. またアヒとはヴリトラのこと）と讃えられる. なおインドラ神は仏教に取り入れられて帝釈天となり, 神々の首長という意味で釈提桓因と呼ばれた（しゃくだいかんいん）.

ヴァルナ：ヴァルナの歌は伴侶ミトラとともに謳われる讃歌を含めても数の上では多くないが, 宇宙の秩序を維持する司法神として重要な神格である. ヴァルナはリタ（天則）とヴラタ（掟）を堅持し, これによって自然・人倫の秩序が保たれる. リタとは「自然界・祭祀・倫理の秩序・理法で, 真理・規律・正義を内容とする」(辻直四郎『インド文明の曙』52頁) ものであり, エジプトの「マアト」に近似する概念である. ヴァルナはアスラの性をもち呪力を帯びて不気味な性格を有するとされ, そのマーヤー（幻力）は恐怖の的となるが, 他方で温情を示し自由と健康を回復させる. 讃歌のなかでは,「最高の君主, 名高きヴァルナに, 崇高・深遠にして・〔彼に〕好ましき祈禱を高響かせ. その神は大地を太陽のため敷物として剥ぎ拡げたり, 屠殺者が皮を剥ぐごとくに」(5・85) と讃えられる. またミトラは契約の神で, イランではミスラとして尊崇された.

アグニ：アグニは火神であり, 祭場における聖火として祭式の主宰神であると同時に家庭の神でもある. そしてアグニ讃歌は『リグ・ヴェーダ』全体の五分の一を占め, その多さはインドラに次ぐ.「風に煽がれて彼は, 叢（あお）の上に, 鎌なす舌をもって, 強く叫びつつ, 思うがままに拡がる. アグニよ, 汝が貪りて, 牡牛のごとく樹木を襲うとき, 汝の通路は黒し, 炎の波たつる神よ, 不老の神よ」(1・58) と讃えられている.

ソーマ：ソーマはヴェーダ祭式のもっとも重要な供物（神酒）を神格化したものである.「ヴリトラの殺戮者インドラをして, シャルヤナーヴァット（ソーマ草の名産地）に生ゆるソーマを飲ましめよ（お）, 彼がまさに勇武の偉業をなさんとして, 力を身につくるとき. ——インドゥ（ソーマ）よ, インドラのために渦まき流れよ」(9・113) と謳われているように, インドラ

がヴリトラを退治するさいにソーマにより英気を養ったという神話は，
ソーマの重要性を決定づけている．

②最高神・最高原理を求める動き（『リグ・ヴェーダ』第10巻）

　このような『リグ・ヴェーダ』の多神教世界にたいして，そこに登場する
神々への疑問が生まれ，その疑問はそれらの神々を超越する最高神・最高原理
を求める動きへと進んでいく．この動きは宇宙の創造を説明する方向へと向
かった．『リグ・ヴェーダ』の最新層第10巻には宇宙の創造を語るつぎのよう
な讃歌が含まれている．

　プルシャ（原人）の歌：この讃歌では，過去および未来にわたる一切である
　　プルシャを供物として祭式がおこなわれた結果，プルシャの各部分から万
　　物が展開したとされる．祭式による創造，しかもプルシャの自己限定とし
　　ての創造が語られ，その創造には四姓制度も含まれている．「プルシャは
　　過去および未来にわたるこの一切（万有）なり，また不死界（神々）を支配
　　す，滋養によってそ（万有）をさらに凌駕して．〔…〕神々がプルシャを祭
　　供として祭祀を執行したるとき，春はそのグリタ，夏は薪，秋は供物なり
　　き．〔…〕その口はブラーフマナ（バラモン，祭官階級）となりき．その両腕
　　はラージャニア（王族・武人階級）となされたり．その両腿はすなわちヴァ
　　イシア（庶民階級），両足よりシュードラ（奴婢階級）生じたり」（10・90，グ
　　リタはバターの溶液）と歌われ，汎神論的創造観が示されている．

　宇宙開闢の歌：この讃歌は『リグ・ヴェーダ』における哲学的思惟の最高峰
　　を示すもので，中性的原理「かの唯一物」による宇宙の展開が示されてい
　　る．神々さえ宇宙の展開のあとに登場したとされる．「その時（太初におい
　　て），無もなかりき，有もなかりき．空界もなかりき，そを蔽う天もなか
　　りき．〔…〕その時，死もなかりき，不死もなかりき．夜と昼との標識（日
　　月星辰）もなかりき．かの唯一物（創造の根本原理）は，自力により風なく呼
　　吸せり．これよりほか何物も存在せざりき．〔…〕最初に意欲はかの唯一
　　物に現ぜり．〔…〕諸神は宇宙の展開よりのちなり．しからば誰か展開の
　　いずこより起こりしかを知る者ぞ」（10・129）と歌われている．

3）　その他のヴェーダ──アタルヴァ・ヴェーダ

リグ・ヴェーダ，サーマ・ヴェーダ，ヤジュル・ヴェーダが祭式を担当する

ものであるのにたいし，アタルヴァ・ヴェーダは呪術用讃歌が中心となり，前1000年頃を中心に編纂されたと考えられる．そのなかには『リグ・ヴェーダ』最新層を承け，宇宙の最高神・最高原理を求める哲学的思惟も見られる．そのうち「スカンバ（支柱）の歌」には「スカンバに支持せられて，この天地両界は安立す．この一切の生命あるもの，呼吸し・瞬きするものは，スカンバの中に〔存在す〕．〔…〕唯一物（最高原理）は毛よりも細く，唯一物は目に見えざるがごとし．しかもわが愛するこの神格は，万有よりも広闊なり」（10・8）とあり，一切を包括すると同時に一切を超越する最高原理が考えられている．

　4）　ブラーフマナの時代

　ヴェーダにおける思想の展開を通じて，祭祀階級バラモンを中心とした社会秩序が確立されていく．そして前800年頃を中心に成立したブラーフマナ文献によって，それまでとは異なった祭式万能主義的なバラモン中心の世界観が出現した．祭式を執行するバラモンは，祭式の力によって神々をも支配し，神々さえも祭式によって不死性を得るとされた．「学識ありヴェーダに精通するバラモンは人間たる神なり」（『シャタパタ・ブラーフマナ』2・2・2・6）とまでいわれた．また創造神話に関しては，万物の創造主としてプラジャー・パティ（造物主）が登場するが，やがてブラフマンに取って代わられることになる．また再死，地獄という考え，業報思想が現れるのもこの頃である．

　5）　ウパニシャッドの思想

　ウパニシャッドは祭式に加えられた哲学的解釈で，前500年頃を中心に作成された．そこでは実際の祭式を離れて祭式の意味を知ることが重要とされた．ウパニシャッドでは最高神への関心が薄れ，非人格的な一元的原理が追求された．「ブラフマン」（宇宙の根本原理）と「アートマン」（個人の本体）という二つの原理が出され，さらにブラフマンとアートマンとの同一性（梵我一如）が説かれた．ウパニシャッドではつぎのようにいわれている，「太初には，この世は実にブラフマンのみであった．それは自己自身を「われはブラフマンなり」と自覚した．その結果それは一切となった．神々のうちでこれ（ブラフマン）を自覚した者は誰でも，それ（一切）となった．聖仙たちにとっても，人間たちにとっても同様である．〔…〕現在でも，このように「われはブラフマンなり」と知る者は，この世の一切となるのである」（『ブリハッド・アーラニヤカ・ウパニ

シャッド』1.4.10），「この微細なもの，——この世にあるすべてのものはそれを本質としている．それは真実，それはアートマンである．シュヴェータケートゥよ，おまえはそれである」（『チャーンドーギア・ウパニシャッド』6.12.3，ウパニシャッドは服部正明訳で服部正明『古代インドの神秘思想』から引用）．アートマンは輪廻の主体とされ，梵我一如の直観は輪廻からの解脱につながると考えられた．

　6）　バガヴァッド・ギーター（前1世紀頃）

　『マハーバーラタ』の第6巻23章〜40章はとくに取り出されて『バガヴァッド・ギーター』（以下『ギーター』と略記）と呼ばれている．『ギーター』は，同族間の戦争を前にして戦意を失ったバラタ国の王子アルジュナにたいして，御者に姿を変えたクリシュナ（人間の姿をしたバガヴァッド＝ヴィシュヌ）がクシャトリア（武人階級）の本分を果たすべきことをアルジュナに説くという設定になっている．ここではバガヴァッド（神）への「バクティ（誠信，信愛）」によって相対性の迷妄から解脱すべきこと，そしてこの解脱は神の恩寵によることが説かれ，また自己の義務を果たすべきことが強調されている．またプルシャ（霊我，純粋精神，アートマン）とプラクリティ（根本物質，原物質）を明確に区別することを知る知識の修練（ジュニャーナ・ヨーガ）にたいし，行為の結果への執着を離れ，成功・不成功を度外視して，自己の義務を遂行すべきこと，そしてそのために一切を平等視する心術の修練（ブッディ・ヨーガ）を必要とする行為の修練（カルマ・ヨーガ）を優先させる．またヴィシュヌ神にたいするつぎの描写，すなわち「偉大な神秘力の主としての〔ヴィシュヌ〕神はアルジュナに，最高の，神としての姿を示現しました．／多数の口と眼をもち，幾多の希有な様相をもち，多くの神々しい装飾をつけ，多数の神妙な武器をかかげ，／素晴らしい花環と衣服をつけ，素晴らしい香料　塗料をほどこし，あらゆる奇瑞より成り，無限の，一切方に面をもつ神〔としての姿〕を．／もしも一千の太陽の光が，一ときに天に発生するならば，そ〔の光〕は，かの偉大な〔神〕の　光に似ているかもしれません．／そこに，神々の中の神の　身体の中に，一統されている　多様に分たれた全世界を，アルジュナはそのとき見たのでした」（『ギーター』11・9-13，服部訳，『世界古典文学全集3』から引用）は印象的である．

7）ヒンドゥー教へ

以上のようにヴェーダ聖典，ウパニシャッド文献などを基礎として展開されたインドの宗教文化は，仏教興起を境にそれ以前を「バラモン教」，以後を「ヒンドゥー教」として区別される．そしてヒンドゥー教のなかでヴェーダの権威を認めるのが「正統バラモン系統」の諸学派で，そのなかでもサーンキヤ学派，ヨーガ学派，ニヤーヤ学派，ヴァイシェーシカ学派，ミーマーンサー学派，ヴェーダーンタ学派という「六派哲学」が重要な地位を占める．なお仏教は 13 世紀初頭にインド社会から消滅し，ブッダはヒンドゥ教によってヴィシュヌ神の第九番目の化身と見なされることとなった．

2-5 ギリシアの宗教

ギリシア宗教の重要性は，それ自身の独自性のみならず，他の諸宗教との関係にも存する．まずギリシアの宗教は，同じ印欧語系の言語を基にするものとしてインドの宗教と親縁性を有する．またエジプト宗教との関わり，とりわけそれからの影響も見逃せない．さらにヘブライズムと結びついたキリスト教への展開は，世界の宗教にとって大きな意味をもつ．

1）ギリシア神話の世界

前 8 世紀から前 7 世紀にかけて活躍したホメロス，ヘシオドスの時代には，ギリシア神話に見られる宗教的世界観がほぼ確立していたと思われる．その世界観においては，「不死なる者」としての神々と「死すべき者」としての人間とが峻別される．たとえ卓越した徳をもつ英雄といえども，半神の高みに到ることはあっても，神々と同列になることはない．死すべき者としての人間の営みは，その背後から不死なる神々（神霊的な力）によって支配されており，人間は死すべき者としての「モイラ（持ち分，運命）」をわきまえることこそが重要であって，そのかぎり神々は人間を罰することはなく，人々には平穏な生が約束されることになる．神々の世界はヘシオドスによるとつぎのようなものである．

①『神統記』における神々の発生

ヘシオドスの『神統記』によると，神々の発生はつぎのように説明される．まず最初にカオス，つぎにガイア（大地）とエロース（愛）が生じた．カオスか

らエレボス（幽冥）とニュクス（夜）が生じ，つぎにニュクスがエレボスと情愛の契りをしてアイテール（澄明）とヘーメラー（昼）が生まれた．ガイアはまずウラノス（天）とポントス（大洋）を生んだ．つぎにガイアはウラノスと添い寝して，オケアノス，コイオス，クレイオス，ヒューペリオン，イアペトスというティターンと呼ばれる男神とテイア，レイアー，テミス，ムネモシュネー，ポイベー，テーチュースというティーターニスと呼ばれる女神を生んだのちに，クロノスが生まれた．ウラノスはガイアがさらに生んだ怪物たちを嫌い，生れると同時にガイアの胎内に戻した．これに怒ったガイアの要請を受けてクロノスは，母が作った斧でウラノスの局部を切り取り，海に投げ捨てた．その泡からは愛の女神アプロディーテーが生まれた．ウラノスを去勢したクロノスは父に代わって天界の王者となり，レイアとのあいだにヘスティアー，デーメーテール，ヘーラー，ハーデース，ポセイドーンが次々に誕生した．しかしクロノスは両親から，自分の子供によって滅ぼされる運命を聞かされたので，生まれた子を次々に飲み込んでしまった．レイアは母の助言によってゼウスをクレタ島で生み，クロノスには石を飲み込ませた．成長したゼウスは父を騙して薬を与え，すべての子を吐き出させた．

　②オリュンポス神族

　こうしてゼウスは家長としてポセイドーン以下の神々とともにオリュンポス神族十二神を構成する．それぞれの特徴を以下に記しておく．

　　ゼウス：天空神でオリュンポス神族の家長．雷霆を武器とし天空を支配する．多くの女神や人間の女性と交わって多くの子をもうけた．とりわけメーティス（知恵），テミス（掟）とそのあいだの子エイレーネ（平和），エウノミアー（秩序），ディケー（正義）などといった神々に援けられ，平和と秩序を守って支配している．

　　ヘーラー：ゼウスの姉で正妻，神々の女王．結婚と子供，女性の性生活の守護神．ゼウスの浮気相手にたいする嫉妬は激しい．とくにアルゴスと誕生の地とされるサモス島で崇拝されている．

　　ポセイドーン：ゼウスの兄でゼウスに次ぐオリュンポスの神．三叉の矛を携え，海，泉の支配者で大地と地震，そして馬の神である．

　　アポローン：ゼウスとレートーのあいだの子．ヘーラーは嫉妬から全世界に

レートーが子供を生む場所を与える事を禁じたが, ポセイドーンの助力も
あり, デーロス島で生まれることができた. デルポイのアポローン神殿で
授けられる神託の威力は絶大である (この神託はゼウスに由来するとされる).
予言, 音楽 (竪琴), 医術, 弓術, 家畜の神で, 詩歌の女神であるムーサた
ちを統べている. 「輝く者 (ポイボス)」と呼ばれ, 太陽神と同一視される
こともある.

アルテミス:アポローンの双子の姉でアポローンに先だって生まれた. 誕生,
多産, 子供の守り神で, 動植物の生育をもつかさどる. 山野で野獣の狩り
をして暮らす狩猟の女神でもある. 太陽神のアポローンにたいして月の女
神と同一視されることがある.

アプロディーテー:愛, 美, 豊饒の女神. ヘーパイストスの妻だがアレース
を愛人にしている. 豊穣, 愛欲の女神イシュタルとの類似が認められ, 東
方起源の神と考えられる.

デーメーテール:ゼウスの姉で穀物と大地の女神. ゼウスとのあいだにペル
セポネーが生まれたが, ゼウスはペルセポネーを兄弟ハーデースの妃にし
ようとした. そのことに怒ったデーメーテールは娘を探して天上を去った
ので大地は実らず人々は困ったが, ペルセポネーは冥界のザクロの実を食
べたために帰ることができず, 1年の三分の一をハーデースとともに地下
で暮らすこととなった. 密儀で名高いエレウシスはデーメーテールの聖域
である.

アテーナー:アクロポリスの守護女神. ゼウスとメーティスとのあいだの子
で, ゼウスの額から全身武装の形で生まれた. 織物, 陶器, 冶金, 医術そ
の他の技術の女神であり, 戦いの女神でもある. 知的で冷静な指導者.

ヘーパイストス:ヘーラーが独力で生んだ子. 醜男で足に障害がある. その
ため美しい妃アプロディーテーに裏切られた. 鍛冶と職人の神で火や火山
の神でもある.

アレース:ゼウスとヘーラーのあいだの子で戦闘の神. 殺戮と流血を無上の
楽しみとする無思慮な神で, 知性にたいする敗北を味わうことが多い. ア
プロディーテーの愛人.

ヘルメース:旅人と商売の神. 富, 幸運, 盗み, 賭博, 競技などの神であり,

知者として文字，数，度量衡などを発見した．また神の使者で死者の魂を冥界に導く役割を担っている．

　ヘスティアー：ゼウスの姉でかまど，炉の女神．ポリスの炉の守り神である．

③ その他の神々

　その他の神としてまず挙げるべきは，ヘスティアーに代わってオリュンポス神族に数えられることもあるディオニューソスである．この神はゼウスと人間の女セメレーから生まれたが，最初から神であった．自然の生産力の表象，豊穣神，ブドウと酒の神である．またゼウスの兄弟で死者の国の支配者であるハーデースは，地下神として地中より植物を芽生えさせる重要な神である．

　2）　密儀宗教

　これまで述べたホメロス・ヘシオドス的神話は，人間社会に秩序を与えるものであったが，これから扱う密儀宗教は神秘主義的な神との合一，宇宙との合一を体感させるものであり，その影響は最初の哲学的思惟であるミレトス学派へとつながるものであった．また密儀宗教は，ギリシアの宗教とキリスト教との結びつきを考える上でもその意義は大きい．というのもキリスト教は聖餐式などにおいて密儀宗教の性格をもつからである．密儀宗教の始まりは五穀豊穣祈願の農業祭祀であったと考えられる．ギリシアにおける密儀宗教の起源は古く，地母神デーメーテール女神の聖域であるエレウシスの密儀は前15世紀にまで遡ると考えられる．

　前7世紀頃から，不安な時代を背景にディオニューソス狂乱が北方から入り込み盛んになった．ディオニューソス祭礼では狂乱陶酔を伴って犠牲に捧げられた獣を喰らい，この陶酔のうちで人々は自己の外に出て（エクスタシス）神のうちへと入った．こうしてこの祭礼において神・犠牲獣・人間（集団）が生命として一体になった．各地の密儀宗教のなかにディオニューソス神が侵入し地母神と結合した結果，密儀宗教が原初の農業祭礼的性格を失い次第に彼岸宗教的になっていったようである．ディオニューソス狂乱はオルフェウス教としてギリシア精神のなかに根づいた．オルフェウス教は，ギリシア神話の英雄で竪琴の名手オルフェウスを祖と仰ぐ密儀宗教で，ディオニューソス宗教の野性的な面を精神化し，霊魂不滅と霊魂輪廻の教義を形成した．

　この密儀宗教において肉体から分離した魂という観念が生まれた．オルフェ

ウス教は秘儀的典礼と禁欲生活とによって永生が得られると説いた．プラトンはオルフェウス教徒の考えとして「魂は犯した罪のための償いをしており，保管〔拘束〕されるために，牢獄にかたどった囲いとして，からだをもっている」という説を紹介しているが，ここからもオルフェウス教徒が魂と肉体との二元論をもっていたことが知られる．また同書はピュタゴラス派がオルフェウス教徒のこの考えを受け継いでいることも伝えている（水地宗明訳「クラテュロス」，400C 参照）．

　つぎに密儀宗教の展開としてピュタゴラス（前560-480頃）およびピュタゴラス派を取り上げる．ピュタゴラスはサモス島生まれで南イタリアのクロトンで学校（教団）を創設し，晩年は同じ南イタリアのメタポンティオンで過ごした．生地サモス島はヘーラー女神誕生の地であり，ヘーラー女神信仰において 10 が聖数とされていたようであるが，この考えはピュタゴラス学派にも認められる．またピュタゴラスはメタポンティオンではヘーラー神殿で教えた．ディオゲネス・ラエルティオスによると，ピュタゴラスはエジプトに滞在し，エジプト人たちの言語を十分に習得した．またバビロニアの神官やマゴス僧（ゾロアスター教の聖職者）の所にも滞在した．

　ピュタゴラスは魂の不死や輪廻を唱えた最初の哲学者である．彼は魂の不死という思想をエジプトで学んだと思われるが，魂の輪廻についてはオルフェウス教から学んだと思われる．彼は南イタリアのクロトンでピュタゴラス派と呼ばれる宗教学派を創設した．ピュタゴラスが数の原理に基づいて世界を解釈したとする説があるが，おそらくその解釈はピュタゴラス派のものであろう．ピュタゴラス派は神秘主義的な魂と肉体の二元論を信じ，魂の浄化をめざした．数学や天文学などの研究も，魂を浄化し身体の束縛から解放する手段であった．

　3）　宗教的世界観を基礎にした哲学思想

　「哲学」は通常「哲学的知」という形で「根源的知の探求」といった意味で使われるが，もともと哲学 philosophia は philo-（愛するもの）と sophia（知恵）からなるギリシア語で，古代ギリシアに始まる知の形態である．この語を明確に概念規定しソクラテスの営みとして使用したのはプラトンであるが，そののちこの語はイオニアの自然学に始まる古代ギリシアの学的営為一般を指す言葉として使われるようになった．

　井筒俊彦はイオニア自然学をホメロス・ヘシオドス的宗教の凋落を受けて勃
興した「自然神秘主義的」な宗教体験，「自然神秘主義的体験のロゴス化」と
捉え，「イオニアの自然学もエレアの存在論も当時の濃厚な宗教的雰囲気の真
只中より生じたもの」と断じた（『神秘哲学』第一部，21頁）．もっともこのよう
な考えにたいして，初期ギリシア哲学研究の泰斗バーネット（John Burnet,
1863-1928）はイオニアの学問の「非宗教的性格」を強調するが（『初期ギリシア哲
学』「序論」参照），バーネットが使う「非宗教的」の「宗教」とはホメロス・ヘ
シオドス的叙事詩に表された伝統的神信仰が意味されており，この意味で井筒
の考えとのあいだに見解の齟齬は認められないと思われる．

　① ミレトスの自然哲学

　イオニア自然学の始まりとなるミレトス学派は，タレス，アナクシマンドロ
ス，アナクシメネスという三人がその学派を代表する．タレス（前624-546頃）
はエジプトに滞在して幾何学その他を学んできており，また日食の予言をおこ
なう天文学者でもあり，さらに政治家としても活躍した．アリストテレスは
『形而上学』のなかでタレスを「このような哲学の創始者」と呼び，「ものがそ
れから生ずる当のもの」，すなわち「万物の元のもの」を「水」であるとした
（内山勝利訳による，以下3）③までの古代ギリシア哲学者からの引用は内山勝利編『ソク
ラテス以前哲学者断片集』による）と述べるが，この一句によってタレスの西洋哲
学における嚆矢の地位が確定した．タレスの求めた「万物の元のもの」はアリ
ストテレスの用語では「アルケー」であり，万物がそれから成り立ち，それか
ら生じ，それへと還る万物の根源であるが，おそらくそれは「水」といった物
質存在とは次元の異なったものであり，そこには究極の存在にたいする未熟な
ロゴス化が見て取れる．またタレスは生命をもつ宇宙という思想から，すべて
のものは神々に満ちていると考えた．

　つぎにアナクシマンドロス（前610-540頃）はタレスに学んだとされるが，彼
が存在者のアルケーとする「ト・アペイロン」は，無限なもの，無限定なもの
の意であり，タレスに見られたロゴス化における「未熟さ」はかなり克服され
ている．アナクシマンドロスは相反するもの（温-寒など）のあいだの調和と均
衡によって世界が成り立つと考えていたようである．彼の断片としてが伝わっ
ているのものなかでは，「不正（アディキアー）」，「罰（ディケー）」，「償い（ティシ

ス）」といった一見人間の行為にたいする倫理的評価を表す語を用いて，存在，宇宙の根源的事態が言い表されているが，この断片は，ギリシアにおいて哲学者の発言として残されている最初のものである．そして三人めのアナクシメネスは前546年頃に盛年を迎え前528年頃に没したミレトスの人で，アナクシマンドロスを師とし，「アルケーは空気である」と主張した．この空気は師の見解と同じく無限なものではあるが，無限定なものではないと考えられたようである．すなわち彼は，宇宙を包括するものを人間にとっての魂のような空気，気息（プネウマ）であるとするが，ここから彼は宇宙世界を生命体と見ていたと考えられる．そしてこの空気の濃厚化と稀薄化によって万物が生じると考えられた．すなわち空気は，薄くなると火となり，濃くなると風や雲となり，さらに濃くなると水や土，石となるという．

　これらミレトス学派に共通する特徴として，宇宙を生命あるものと捉え，生命体の根源である魂とのアナロジーにおいて万物の根源を思索したことが指摘できる．この意味でアートマンとブラフマンとの合一を根本に据えたウパニシャッドの思想に通じるものがある．ただしイオニア自然学は，「自ら体験的直観的に把住した超感性的自然を感性的質料的自然から思想的に峻別することを知らず，両存在領域を混同して結局一種の汎霊魂主義に陥った」（井筒俊彦『神秘哲学』第二部，23頁）ことにより，その存在論は純粋な形而上学にも，純粋な自然科学にもならなかったと指摘する井筒の見解は的を射たものである．なおミレトスは前494年ペルシアにより破壊された．

　②ヘラクレイトス

　ヘラクレイトスは前6世紀から前5世紀にかけてイオニアのエフェソスで生涯を送ったことからも，ミレトス学派の影響はあるものの「彼はだれの弟子でもなく，むしろその言うところによると，自分自身を探求し，あらゆることを自分自身から学んだ」（ディオゲネス・ラエルティオス『ギリシア哲学者列伝』Ⅸ5，三浦要訳）と報告されているように，その思想はミレトス学派の人たちとは一線を画している．そしてこの「自分自身の探求」，みずからの魂を究め，そこに深遠なる「ロゴス」を見いだすことは，彼の哲学・宗教のあり方を特徴づける．「魂の限界は，それに行き着こうとして，たとえあらゆる道を踏破しても，見つけ出せないであろう．それほど深い　理（ロゴス）を，それは持っている」

（同書Ⅸ 7，内山訳）と述べているのである．

　この断片からも知られるようにヘラクレイトスの思索の根本語は「ロゴス」であるが，この「ロゴス」は「言われたこと，言葉」を意味するとともに「世界の法則，理」をも示している．ヘラクレイトスはミレトス学派同様，存在するものの元のもの（アルケー）を追求しそれを「火」であるとするが，この火はまさに存在の理法としてのロゴスなのであり，ロゴスこそが世界の究極の理ということになる．したがって，「私にというのではなく，この　理（ロゴス）に聞いてそれを理解した以上は，それに合わせて，万物が一であることに同意するのが知というものだ」（ヒッポリュトス『全異端派論駁』Ⅸ 9，内山訳）ということになる．ここでいわれる「万物が一であること」は，その後のヨーロッパ哲学の展開のなかで重要な意味をもつこととなるが，この表現はヘラクレイトスの思想の根幹に関わるものであり，現象界の互いに対立しあう多くのものがその根底において統一され調和しているという彼の根本思想が言い表されている．

　③ エレア学派

　クセノパネスはアナクシマンドロスと同時代の人で，イオニアのコロポンの人であったが，祖国を追われシチリア島に滞在し，南イタリアのエレアで教えた．エレア学派の祖といわれる．クセノパネスの思想としてまず挙げなければならないのは，伝統的神観にたいする明確な疑問の提出であろう．彼は「しかしもし牛や馬やライオンが手を持っていたとしたら／あるいは手によって絵をかき，人間たちと同じような作品をつくりえたとしたら，／馬たちは馬に似た神々の姿を　牛たちは牛に似た神々の姿を描き，／それぞれ自分たちの持つ姿と同じような／からだをつくることだろう」（クレメンス『雑録集』Ⅴ 110，藤沢令夫・内山勝利訳）といい，伝統的な神々が人間によって人間に似た姿で創り出されたものであることを明確な言明によって暴露した．これらの神々は「神々と人間どものうちでもっとも偉大であり，その姿においても思惟においても　死すべき者どもと少しも似ていない」ような「唯一なる神」（同上，Ⅴ 109）ではないと断言する．ここで「一者にして非物体的」な神の登場によって，「ギリシア思想は超越的一者の神燿耿々たる形而上学の途を登り始めた」（井筒俊彦『神秘哲学』第一部，206 頁，ルビは筆者）のであり，ギリシアの宗教・形而上学思

想の，さらにはキリスト教への展開にとってクセノパネスのもつ意義はあまり
にも大きい．

　パルメニデスは前5世紀前半にエレアで活躍した人で，エレア学派を代表す
る哲学者である．ギリシア哲学研究で知られるガスリーは，「パルメニデスの
意義は，彼がギリシア人をして初めて抽象的思考の道を歩ませ，理性を外界の
事実にかかわりなく働かせて，その成果にたいして，感覚的知覚の成果より
いっそう高い地位を与えたことである」（式部久・澄田宏訳『ギリシアの哲学者たち』，
68/69頁）と評するが，たしかにパルメニデスは思考の正確さにどこまでもこ
だわった思想家といえるだろう．正確な思考，それは「あるもの（のみ）があ
ると語りかつ考えねばならぬ」（「断片6」，藤沢・内山訳）という大原則に基づく．
この大原則についてパルメニデスは「断片2」においてつぎのように語る．
「探求の道として考えられるのは，いかなるもののみぞ．／その一つは「ある」
そして「あらぬことは不可能」という道，／これは説得の女神の道である（真
理に従うがゆえに）．／他の一つは「あらぬ」そして「あらぬことが必然」とい
う道／この道はまったく探ええざる道であることを私は汝に告げる．／なぜな
らば汝はあらぬものを知ることもできなければ（それはなしえぬこと）／語る
こともできないから」（同訳）．この「ある」と「あらぬ」の峻別，探求の対象と
しての「あらぬもの」の排除，これはパルメニデスの思想の眼目である．この
考えは「なぜならば　思惟することとあることとは同じであるから」（「断片3」，
同訳）という発言ともなる．そしてこのような思考の原則から，パルメニデス
を継承するエレア派の人たちによって論理学が展開することになる．

　ところでパルメニデスは生成消滅を認めず「動」を否定する思想家といわれ
る．たしかに彼は「そもそもどうしてあるものが　後になって滅びえようか．
どうして生じえようか？／もし生じたとしたならば，またあろうとするので
あったとしても，常にあるのではない．／かくて「生成」は消し去られ，「消
滅」はその声が聞けないことになった」（「断片8」，同訳）と述べている．しか
しながらパルメニデスが「ある」というもの，それは私たちが日常さまざまな
ものが「ある」，「ない」と語る場合の「ある」とはレベルの異なる「ある」，
つまり「真実在」と名づけるべき「ある」であることに注意すべきであろう．
井筒は「彼の存在論は時空を超脱する真実在の論究であり，彼の形而上学は純

粋に「形而上的なもの」の検察である．要するに，形而上学は神学なのである」（『神秘哲学』第二部，40頁）と述べるが，クセノパネスを師とするパルメニデスの解釈として耳を傾けるべきものである．

　こうしてギリシアの哲学思想は前5世紀前半には形而上学へと歩み入ることになる．そしてその歩みは，善く生きること，魂の大切さを対話という形で説いたソクラテスが活躍する前5世紀後半へと進み行くことになるのである．

　④ プラトンとアリストテレス

　ギリシアの哲学思想は前5世紀の終わりから前4世紀，プラトン，アリストテレスという巨匠の時代を迎えることになる．両者の思想は宏遠で短くまとめうるものではないが，ここではプラトンのイデア論とアリストテレスの神についての考えをごく簡単に触れておく．これらはのちのキリスト教の展開にとって重大な意味をもつものであるが，この展開において両者の思想は，かならずしも彼らの思想に即して理解されたわけではないことに注意する必要がある．

　イデアとは真に実在するものであり，転変する現象界にたいして常住不変の世界を意味する．とりわけ善のイデアはすべてのイデアの基礎とされ，すべての存在者の根源となるが，それ自身はいかなる存在者でもなく，かえってすべての存在者を超越するものである．「認識の対象となるもろもろのものにとっても，ただその認識されるということが，〈善〉によって確保されるだけでなく，さらに，あるということ・その実在性もまた，〈善〉によってこそ，それらのものにそなわるようになるのだと言わなければならない——ただし，〈善〉は実在とそのまま同じではなく，位においても力においても，その実在のさらにかなたに超越してあるのだが」（プラトン『国家』509B，藤沢訳）」といわれるが，この善のイデアはそのまま「神」と置き換えるとキリスト教を説明する理論になりうることに私たちは気づく．プラトンのイデア論＝二世界論はキリスト教にとって都合のよい思想であり，むしろキリスト教の神概念がプラトンのイデア論を基にして形成されたという面をもつことも確かである．もっともイデアに関する考えはプラトン自身のなかでも変遷が見られ，後期プラトンの思想は通常考えられるイデア論とは様相を異にすることに注意が払われてこなかったのではあるが．

　それにたいしてアリストテレスは，彼の学問体系，とりわけ形而上学の体系

のなかに神を位置づけようとする．アリストテレスはまずプラトンのイデア説を批判する．というのも事物の真実在が当の事物から離れていることは不合理であるからで，彼は事物の実在をその現実態において形相と捉える．そして彼が考える神は純粋に形相のみの「完全な現実態」，第一の「不動の動者」であり，その思惟は外界の事物を対象としない「純粋思惟」である．このような自体存在としての神はもちろん人格神ではなく人格神とは異質なものであるが，やがてキリスト教がその神学体系を整えていくとき，それを支える理論的基礎として用いられていくことになる．

　これまで見てきたように，ギリシア哲学で探求された真理は，多分に宗教的真理の性格をもつものであるということができる．井筒の「イオニア自然科学が宗教的体験そのものから発生した」という主張には宗教体験が強調されすぎる嫌いがなくもないが，根源的知の探求としての哲学の営みが宗教的真理の追求と切り離せないものであることは，どこまでも注意されなければならない．この性格はインドの哲学的思惟とも共通するものであるし，この性格ゆえにギリシア哲学がキリスト教形成の地盤となりえたといえるのである．

終わりに
　——ギリシアとインド，ギリシアの思想からキリスト教へ

　インドの哲学思想とギリシアのそれは，言語的類縁性と相まって深い親縁性をもつと考えられる．ウパニシャッドや正統バラモン系統諸学派の論書などに見られる議論は，まさに「哲学」の名にふさわしいものであり，古代ギリシア以外でこのような哲学的思惟が見いだされるのは古代インドのみであるといってよいだろう．ただ両者の相互交流を明確に示す文献は意外に少ない．そのわずかなものの一つとして，ギリシア系のバクトリア王メナンドロス（位：前2世紀後半）と仏教の沙門ナーガセーナとの対話録である『ミリンダ王の問い』が挙げられる．この対話からはメナンドロス（ミリンダ）のナーガセーナへの深い尊敬が伺われ，この尊敬は仏教にたいするものでもあったと思われる．たしかに当時インドに進出していたギリシア系の人たちにとっては，厳しい身分差別のあるバラモン教ではなくその対極をなす仏教に帰依する方がハードルが

低かったであろうが，その人たちがメナンドロス王のように仏教を正しく理解していたかは不明である．

　またギリシア哲学は通常，プラトン，アリストテレスといった巨匠の時代を経てストア派などのヘレニズム期の哲学と新プラトン主義をもって終焉を迎えると考えられがちである．しかしむしろ，ギリシア哲学のほぼすべてがキリスト教へと流れ込んでおり，キリスト教の思想は古代ギリシア哲学の展開と捉えることもできるのではないだろうか．もちろんキリスト教は従来，ヘブライ思想とギリシア思想との「結合」とされてきたわけであり，この考えはそれなりの正しさをもつものではあるが，そのさいともすればこの結合はヘブライ思想に主導されているような観があった．しかしながらヘブライ思想はすでに紀元前 3 世紀にはギリシア語に翻訳され，この翻訳がキリスト教形成の基盤になったことからも，『新約聖書』をはじめとする初期キリスト教思想の形成においてギリシア語が，ギリシア哲学思想が主導権をもったと考える方がより事柄に適った見方ではないかと思われる．古代ギリシアの哲学・宗教思想はキリスト教のなかで独自の展開を遂げた，このような理解も可能ではないだろうか．

参 考 文 献

青木健『ゾロアスター教』，講談社〔講談社選書メチエ〕，2008 年

───『ゾロアスター教史──古代アーリア・中世ペルシア・現代インド』，刀水歴史全書，2008 年

───『古代オリエントの宗教』，講談社〔講談社現代新書〕，2012 年

アリストテレス，出隆訳「形而上学」（『アリストテレス全集 12』），岩波書店，1968 年

イェーガー，ヴェルナー，神澤惣一郎訳『ギリシャ哲学者の神学』，早稲田大学出版部，1960 年

石上玄一郎『エジプトの死者の書──宗教思想の根源を探る』，人文書院，1980 年

井筒俊彦『神秘哲学』（第一部，第二部），人文書院，1978 年

内山勝利編『ソクラテス以前哲学者断片集』（第 I 分冊-第 V 分冊，別冊），岩波書店，1996-1998 年

大城道則『古代エジプト文明──世界史の源流』，講談社〔講談社選書メチエ〕，2012 年

───『古代エジプト　死者からの声──ナイルに培われたその死生観』，河出ブックス，2015 年

大林太良・吉田敦彦『世界の神話をどう読むか——徹底討議』，青土社，1998 年

オットー，ルードルフ，久松英二訳『聖なるもの』，岩波書店〔岩波文庫〕，2010 年

ガスリー，W.K.C.，式部久・澄田宏訳『ギリシアの哲学者たち』，理想社，1973 年

高津春繁『ギリシア神話』，岩波書店〔岩波新書〕，1965 年

―――『比較言語学入門』，岩波書店〔岩波文庫〕，1992 年

杉勇他訳『筑摩世界文學大系 1　古代オリエント集』，筑摩書房，1978 年

月本昭男訳『ギルガメシュ叙事詩』，岩波書店，1996 年

辻直四郎『インド文明の曙——ヴェーダとウパニシャッド』，岩波書店〔岩波新書〕，1967
　年

辻直四郎編『世界古典文学全集 3　ヴェーダ　アヴェスター』，筑摩書房，1967 年

ドゥ・ヴァール，フランス，西田利貞訳『政治をするサル——チンパンジーの権力と性』，
　平凡社〔平凡社ライブラリー〕，1994 年（初出：1984 年）

ドルティエ，ジャン゠フランソワ，鈴木光太郎訳『ヒト，この奇妙な動物——言語，芸術，
　社会の起源』（上・下），新曜社，2018 年

中村元・早島鏡正訳『ミリンダ王の問い——インドとギリシアの対決』（全三冊），平凡社，
　1963 年

日本オリエント学会編『古代オリエント事典』，岩波書店，2004 年

服部正明『古代インドの神秘思想』，講談社〔講談社現代新書〕，1979 年

バーネット，ジョン，西川亮訳『初期ギリシア哲学』，以文社，2014 年（初版 1975 年）

早島鏡正・高崎直道・原実・前田専学『インド思想史』，東京大学出版会，1982 年

ハラリ，ユヴァル・ノア，柴田裕之訳『サピエンス全史』（上・下），河出書房新社，2016
　年

フォーティ，リチャード，渡辺政隆訳『生命 40 億年全史』（上・下），草思社〔草思社文
　庫〕，2013 年（初版：2003 年）

藤沢令夫『プラトンの哲学』，岩波書店〔岩波新書〕，1998 年

プラトン，藤沢令夫訳「国家」（『プラトン全集 11』），岩波書店，1976 年

―――，水地宗明訳「クラテュロス」（『プラトン全集 2』），岩波書店，1974 年

ヘシオドス，廣川洋一訳『神統記』，岩波書店〔岩波文庫〕，1984 年

ボイス，メアリー，山本由美子訳『ゾロアスター教——三五〇〇年の歴史』，講談社〔講
　談社学術文庫〕，2010 年

前田耕作『宗祖ゾロアスター』，筑摩書房〔ちくま学芸文庫〕，2003 年

三笠宮崇仁『古代エジプトの神々その誕生と発展』，日本放送出版協会，1988 年

本村凌二『多神教と一神教——古代地中海世界の宗教ドラマ』，岩波書店〔岩波新書〕，
　　2005 年

森若葉「コラム，メソポタミアとの交流」，長田俊樹編著『インダス——南アジア基層世
　　界を探る』所収，京都大学学術出版会，2013 年

レヴィ゠ストロース，クロード，多田智満子訳『レヴィ゠ストロースとの対話』，みすず書
　　房，1970 年

歴史研究会編『世界史資料 1　古代のオリエントと地中海世界』，岩波書店，2012 年

第2章　ユダヤ教
――一神教の原型

　前章ではさまざまな古代の宗教を概観したが，ユダヤ教も古代宗教の一つである．その意味では前章で扱うべきだったのかもしれない．しかしながらユダヤ教は大宗教キリスト教に直接つながるものであり，またその文献資料の豊富さからも古代宗教のなかでは「別格」であるので，章を新たにした．ユダヤ教は特定の創唱者をもたず，歴史のなかで形成された宗教であり，「民族宗教」の範疇に入れるべきものではある．たしかにユダヤ教はユダヤ民族を神から選ばれた民とする選民意識の強い宗教ではあるが，キリスト教の母胎となり，イスラームの成立に強い影響を与えるなど，たんなる民族宗教の枠を超えた普遍性をもつ．ユダヤ教の聖典はいわゆる『旧約聖書』であるが，口伝律法としての『ミシュナ』やその解釈と注釈を集めた『タルムード』もユダヤ教徒の日々の生活の規範となっている．ユダヤ教はタナクおよびタルムードを基礎とした宗教的伝統に基づいて生活することを基本としている．ユダヤ人の定義が確定しないため，ユダヤ人人口の正確な算定は不可能であるが，Berman Jewish DataBank に拠ると，2018 年のユダヤ人総人口は約 1461 万人で，そのうち約 615 万人がイスラエルに，約 570 万人がアメリカ合衆国に住んでいる．

　前章との連関で見ると，ユダヤ教は古代メソポタミアの宗教を引き継ぎエジプトの宗教の影響を受けている．ゾロアスター教の終末思想さえも受け継いでいる．しかしながらユダヤ教はこのような他の宗教の影響に解消されない独自性をもつ．ユダヤ教の始まりは紀元前二千年紀にまで遡り，その始まりは神話に彩られている．やがてその神話的思考は歴史の荒波のなかで宗教的表象へ，さらには世界史上はじめての本格的な一神教へと変貌する．キリスト教，イスラームといった世界を代表する一神教はユダヤ教に淵源する．ユダヤ教こそが，現代世界の人口の約半数を占める一神教の源なのである．

1　聖典

　ユダヤ教の正典はキリスト教徒たちによって『旧約聖書』と名づけられているが，ユダヤ教では『ハッセファリーム（その書物たち）』，『シフレー・ハッコーデシュ（聖なる書物たち）』，あるいは「トーラー（律法）」，「ネビイーム（預言者）」，「ケトゥービーム（諸書）」という伝統的な三区分の頭文字をとって『タナク（TaNaKh）』と呼ばれている．そのうち，中心となるトーラーは，「創世記」，「出エジプト記」，「レビ記」，「民数記」，「申命記」の五つを指し，ネビイームとは，「ヨシュア記」，「士師記」，「サムエル記」，「列王記」という「前の預言者」と，「イザヤ書」，「エレミヤ書」，「エゼキエル書」，「ホセア書」，「ヨエル書」，「アモス書」，「オバデア書」，「ヨナ書」，「ミカ書」，「ナホム書」，「ハバクク書」，「ゼファニヤ書」，「ハガイ書」，「ゼカリヤ書」，「マラキ書」という「後の預言者」から成る．またケトゥビームとは，「詩編」，「ヨブ記」，「箴言」，「ルツ記」，「雅歌」，「コヘレトの言葉」，「哀歌」，「エステル記」，「ダニエル書」，「エズラ記」，「ネヘミヤ記」，「歴代誌」である．これらの聖典はユダヤ教の長い歴史のなかで伝承の文書化という作業を通して徐々に形成されてきたものであるが，前7世紀後半のヨシヤ王による宗教改革および前6世紀のバビロン捕囚が文書化，正典化の大きな契機になった．そしてその最終的な正典化は「トーラー」が前5〜前4世紀ころ，「預言者」が前200年までに，そして「諸書」は1世紀末から2世紀にかけてと考えられている（大島力「正典としての旧約聖書」参照）．なお文字に記された啓示としての「トーラー」あるいは『タナク』にたいして，口伝された啓示としての『ミシュナ』（200年頃成立）やその注解，釈義，解説である「ゲマラ」を合わせた『タルムード』がある．

2　神と人々との関係

　ユダヤ教は，超越神ヤハウェと人々との関係が基軸となる．そして両者を仲介したのが預言者たちであった．ユダヤ教（古代イスラエルの宗教）はアブラハムにたいする神の語りかけから始まったが，最初の啓示は，ユダヤの民をエジ

プトの奴隷状態から救済したヤハウェがモーセを通して語ったもの（シナイ啓示）とされる．その後もヤハウェは預言者たちを通して啓示を与え続けた．神から人間に課される戒律は，この啓示の大きな要素となる．ユダヤ教徒の生活にとって，毎週金曜の日没から土曜の夕方までの安息日やすべての男子が生後8日目に受ける割礼などの戒律遵守が基本となる．また人生の節目として，バル・ミツヴァ（13歳の男子），バット・ミツヴァ（12歳の女子）といった成人式などがある．

3　ユダヤ教の祭り

ユダヤ教の祭りは，超越神ヤハウェと人々との原初的な関わりの再確認を根本にしている．具体的には神に導かれて奇跡的にエジプトを脱出したという出来事の再体験が柱となるが，ハヌカ祭のようにマカベア戦争での勝利を記念するものもある．またこれらの祭りは，農作物の豊饒を祈願し豊作に感謝する意味も併せもっている．おもなものを以下に挙げる．

1）　過越祭

ユダヤ教にとってもっとも重要な祭りであり，エジプト脱出の成功を祝うものでユダヤ暦のニサン月（3月から4月にかけて）の14日から20日のあいだにおこなわれる．この祭りは，エジプト人の長子と家畜の初子を滅ぼした神の使いがイスラエル人の家を過ぎ越したことに由来する．人々は子羊を屠って焼き，種なしパンとともに食す．この祭りは穀物（大麦）の収穫の始まりの時期を祝うものでもある．また過越祭と同期間，酵母の入らないパンを食してエジプト脱出のさいの苦難を追体験する除酵祭もおこなわれる．

2）　五旬祭

過越祭から7週目に祝われる祭りで七週祭とも呼ばれ，モーセがシナイ山で神から律法を授けられたことが記念された．もともとは刈り入れ祭で，小麦の収穫の終わりが祝われた．キリスト教では聖霊降誕祭（ペンテコステ）と呼ばれ，この日に使徒たちの上に聖霊が降ったとされる．

3）　仮庵祭

イスラエルの民が出エジプト以来40年間，荒れ野での天幕生活を追体験す

るため，ユダヤ教で新年とされる第7の月の15日から7日間，仮庵を作って住む．また秋の果樹の収穫祭であるとともに種蒔期の始まりが祝われる．

　4） ハヌカー祭

　前2世紀のマカベア戦争のさい，1日分の油で8日間燭台が灯り続けた光の奇蹟を祝う祭りである．

4　ユダヤ教の歴史

　ユダヤ教は歴史のなかで形成された宗教であるということができる．そしてその始まりは，人類最古の文明であるメソポタミア文明にまで遡ることができる．

4-1　メソポタミアの宗教

　ティグリス川とユーフラテス川にはさまれたメソポタミア地方で，シュメール人によって最初に文字が使われたのは，今から約5000年も前のことである．それ以降この地方にはセム語系の人々が住み着くようになった．ユダヤ教につながるのはこの人たちである．本村凌二はその著『多神教と一神教』のなかで，「前三千年紀後半にセム語系の人々がメソポタミアに住み着くようになったが，彼らは超越した神々への感覚をもっていた．おそらくシュメール人の心の底にもすでにこれら超越する存在への想念がしみこんでいたにちがいない」(27頁)と述べるが，本村のこの指摘は一神教の成立にとって決定的に重要なものを明らかにしている．本村はまた，「神々はその本来の姿においてやはり威厳に満ちており，はるか隔絶した世界にいる超越者であり，畏れ多い存在であった．〔…〕この感覚は少なくとも今日のアラビア語やヘブライ語につながるセム語系の言語を使う東地中海域の人々の心にはひときわ深く根づいているものであった」(同書29頁)とも述べている．すなわち一神教はその根源を，はるか隔絶したものにたいする感覚にもち，その感覚はセム語系の言語のなかに潜んでいるといえるだろう．イスラーム学の泰斗にして広く東洋思想全般に通じた井筒俊彦も早くからこのことを指摘していた．井筒はこの事態を「セム的一神教」，「セム系の人格的一神教」などと表現する．例えば，「セム的一神教──

存在界を無から創り出し，創造主の資格においてそれを絶対無条件的に支配する生ける神，唯一無二の人格神のほかは一切の「神」を他に認めない一神教」（『イスラーム文化』45頁）と述べたり，また「世界の諸宗教の中で特にセム系の人格的一神教——具体的にはユダヤ教，キリスト教，イスラーム——の宗教性には，「依属感情」という概念はそのままぴったり当てはまる」（『イスラーム生誕』124/125頁），あるいは「セム的一神教にあっては，終末観は神学理論でもなければ，ましてや文学的比喩，寓意のたぐいではない．それはセム的世界像の根柢に伏在する感覚，生々しい，圧倒的な感覚だ」（『イスラーム生誕』64頁）という．碩学たちによるこれらの発言から知られるように，超越者にたいする感覚に根づいた一神教は，セム語系の言語と深く結びついているのであって，インド・ヨーロッパ語族の言語のうちで醸成された論理的思考とは無縁の感覚に由来するものであると考えられる．

　メソポタミア地方において，セム語系の諸族としては，アッカド人が前24世紀のサルゴン1世のときに都市国家群を統一し，前19世紀にアムル人がバビロンを都として建設した古バビロニア王国においては前18世紀後半から前17世紀前半にハンムラビ王が自身の法典を制定したし，また前二千年紀はじめから前612年にかけてのアッシリアなどがよく知られている．ユダヤ教はこれらの王国の歴史のなかで育まれた文化を包み込む形で始まった．これらの人々を通して形成された『ギルガメシュ叙事詩』のなかには，『旧約聖書』の「創世記」に取り込まれているものもある．また前章で見た，「友よ，わたしを呼ばなかったか．なぜ，わたしは目覚めてしまったのだ〔…〕」という一節には，超越的なものにたいする感覚を読み取ることもできる．

4-2　神話的始まり

　イスラエル人の先祖は，山羊や羊などを飼育する，小家畜飼育者であったと考えられている．ユダヤ教の歴史は，神話的には，族長の一人アブラハム（アブラム）が主（ヤハウェ）の命令に従い，ハランからカナン地方（後のパレスティナ）へ移住したことに始まる．そのさいアブラハムは主から，カナンの地を彼の子孫に与えるという約束を受けた（アブラハム契約）．「創世記」にはつぎのように記されている（以下『旧約聖書』からの引用は旧約聖書翻訳委員会訳『旧約聖書』

に拠る．なお訳文に付されたルビは最小限に止めた）．

　ヤハウェはアブラムに言った，／「あなたの地，あなたの親族，あなたの
父の家を出て，／わたしが示す地に行きなさい．／わたしはあなたを大い
なる国民〔の父祖〕としよう．／あなたを祝福し，その名を大きくしよう．
／あなたは祝福〔の基〕となりなさい．／あなたを祝福する者をわたしは
祝福し，／あなたを呪う者をわたしは呪う．／大地のあらゆる種族はあな
た〔の名〕によって祝福し合うであろう」．（12・1−3，月本昭男訳）

　「〔…〕わたしは，代々にわたる永遠の契約として，わたしとあなたとの間，
およびあなたの後の子孫との間にわが契約を立て，あなたの，またあなた
の後の子孫の神となる．わたしはあなた，およびあなたの後の子孫に，あ
なたの寄留地であるカナンの地を永遠の所有〔地〕として与えよう．そし
て，わたしが彼らの神となろう」．（17・7−8，月本昭男訳）

　このような主とアブラム（のちにアブラハムと呼ばれる）とのあいだの契約で
もってイスラエルの神話的物語が始まるが，ここで簡単にアブラハムからその
子孫たちのエジプト移住に至る「創世記」の物語について記しておこう．アブ
ラハムは100歳のとき，90歳のサラとの間に息子イサクを授かる．その後ア
ブラハムはイサクをささげよとの神の命令にも従って「神を畏れる者」である
ことを示し，そのことによりイサクを含む彼の子孫繁栄の約束を神から得る．
イサクはリベカとのあいだにエサウ，ヤコブという双子の兄弟を授かるが，ヤ
コブはエサウから長子の権利を奪い，神から「イスラエル」という名を与えら
れた．ヤコブはレアとラケルの姉妹およびその召し使いとのあいだに12人の
息子を授かるが，そのうちラケルとの息子ヨセフは父の寵愛を受けたことで兄
弟たちから嫉まれ，エジプトに売られてしまう．やがてファラオの夢解きに成
功したヨセフは，エジプトの宮廷で取り立てられ，飢饉に備えてファラオに食
糧を蓄えさせる．やがてヤコブとその息子たちは食糧を求めてエジプトに渡り，
ヨセフと再会することになるのであった．このような物語を背景として，モー
セに率いられたイスラエル人たちがエジプト脱出を企てることになるのである．

4-3　出エジプトと十戒

ユダヤ教の始まりは「出エジプト」の出来事に見いだされる．すなわち前13世紀前半，モーセに率いられたイスラエル人が，奴隷状態にあったエジプトから主に導かれて奇跡的に脱出に成功するという出来事があったとされる．この出来事が歴史的な事実であったかどうかは確めようがないが，このときの神体験──「言い表わしがたい絶対的な何ものか」が歴史の現実のただなかで人々とともにあり人々を導いているという体験──がユダヤ教の原体験となっていることは疑いない．このような「ともにある」という神の性格は，神とモーセとのつぎのような対話のなかに見て取れる．

> 彼は言った，「わたしがあなたと共にいる．これが，あなたにとって，わたしがあなたを遣わしたこと〔を示す〕徴である〔…〕」．〔…〕神はモーセに言った，「わたしはなる，わたしがなるものに」．彼は言った，「あなたはイスラエルの子らにこう言いなさい，『「わたしはなる」が私をあなたたちに遣わした』と」．（「出エジプト記」3・12-14, 木幡藤子・山我哲雄訳）

日本聖書協会訳では「わたしはある．わたしはあるという者だ」となっている箇所が，ここでは「わたしはなる，わたしがなるものに」となっている．この訳に関して訳者の木幡・山我は「神が何であり，何になるかは，神自身が決めると，神の自由が宣言されていると解する」という注を付している（『旧約聖書II』, 13頁）が，適切な理解であると思われる．またここでいわれている「ある」は，物の存在，非存在というギリシア的な意味での「ある」ではなく，「わたしは必ずあなたとともにいる」という仕方での「ある」だと考えられる．このように「超越的」でありながら「ともにある神」，「歴史を導く神」であるということがユダヤ教の神の性格である（このような「ともにある神」という理解は荒井章三による）．

ところで，エジプトを脱出した人々によって，つぎのように歌われている．

> ミリヤムは彼らに答えた，
> 　「あなたたち，ヤハウェに向かって歌いなさい．
> 　彼はまことに高くあり，

　　馬と戦車の乗り手を海に投げ入れたのだから」．（『出エジプト記』15・21，

木幡藤子・山我哲雄訳）

　これは，神の救いの業にたいする，ミリヤムのというより，人々の信仰告白と

いったものであると考えられる．そしてこの出来事を通して，神を中心とした，

脱出共同体ともいうべき信仰共同体が成立したと考えられる．

　このエジプト脱出の出来事は，『申命記』のなかでは，つぎのような信仰告

白として語られている．

　『私の先祖はさすらう一アラム人でありましたが，わずかな人たちを伴っ

てエジプトに下り，そこに寄留し，〔やがて〕そこで力が強くて数も多い，

大いなる国民になりました．しかし，エジプト人はわれわれを虐げ，われ

われを苦しめ，われわれに過酷な労働を課しました．そこでわれわれは，

われわれの先祖の神ヤハウェに〔助けを〕叫び求めました．ヤハウェはわ

れわれの声を聞いて，われわれの苦しみと苦役，われわれの苦悩をご覧に

なり，ヤハウェは力ある手と伸ばされた腕をもって，また大いなる恐れと

徴と奇跡をもって，われわれをエジプトから導き出し，われわれをこの場

所に入らせ，われわれに乳と蜜の流れる地であるこの地を与えて下さいま

した．ご覧下さい，いま私は，ヤハウェが私に与えて下さった土地の実り

の初物を携えてまいりました』．（26・5-10，鈴木佳秀訳）

　そのさい，モーセはシナイ山において十戒を受けた．十戒の内容は，① 他

の神々が，あなたのためにわたしの面前にあってはならない．② あなたは自

分のために像を作ってはならない．③ あなたは，あなたの神ヤハウェの名を，

空しいことのために唱えてはならない．④ 安息日を覚え，これを聖別しなさ

い．⑤ あなたはあなたの父と母を重んじなさい．⑥ あなたは殺してはならな

い．⑦ あなたは姦淫してはならない．⑧ あなたは盗んではならない．⑨ あな

たはあなたの隣人に対し，嘘の証言をしてはならない．⑩ あなたはあなたの

隣人の家を欲しがってはならない．あなたの隣人の妻と彼の男奴隷と女奴隷と

牛とろば，あなたの隣人のすべてのものをあなたは欲しがってはならない

（『出エジプト記』20・3-17より抜粋）というものである．また神は，この十戒の

内容を明示するに先立ち，「私はヤハウェ，あなたの神，あなたをエジプトの地，奴隷の家から導き出したものである」と述べていることに注意すべきである．神はまず，自らの身分，功績を示し，その後人々に，守るべき戒律を与えているのである．そして戒律授与によって，神が人々を護り，人々は神によって授与された戒律を守るという，神と人との相互関係が成立したのである．なお「申命記」などによると，エジプトを脱出したイスラエル人は40年にわたって荒れ野を放浪したとされる．

4-4　士師の時代──前1150年頃以降

士師とは，イスラエル諸部族の危機に際し，ヤハウェから授けられた権威（カリスマ）のみによって立ち上がり，政治的・軍事的統一組織をもたない氏族，部族を糾合して軍事同盟を結成し，外敵の攻撃や支配から同盟を救い出した英雄であった．そのカリスマのゆえに彼は終身，同盟の指導者として留まったが，彼の子孫がその権威を相続することはなかった．この士師が活躍する時代は前1150年頃以降と考えられる．

4-5　王国の成立

前1050年頃，ペリシテ（西方のエーゲ海の方から，シリア，エジプトへと侵入して来た「海の民」と呼ばれる移住集団の一つ）の攻撃によってシロが陥落した．このような事態にたいしてイスラエルの人々は王国を求めた．「サムエル記」にはつぎのように記されている．

> ヤハウェはサムエルに言った，「民がお前に言う通り，彼らの声を聞き入れよ．彼らは，お前を拒絶したのではなく，わたしが彼らの王であることを拒絶したのだ．私が彼らをエジプトから導き上った日から今日に至るまで，彼らのした事といえば，わたしを捨てて他の神々に仕えることだった．そのように，彼らはお前に対してもしているのだ．今は彼らの声を聞き入れよ．ただし，彼らにはっきり警告し，彼らを治める王の権能について教えてやるがよい」．（「サムエル記上」8・7-9，池田裕訳）

前1020年頃，サウルが預言者サムエルから油を注がれてイスラエル部族連

合の初代の王になった. 同書にはまたサムエルに向けてのつぎのようなヤハウェの発言がある.

> 「明日の今ごろ, わたしは一人の男をベニヤミンの地からお前のもとに遣わす. お前は彼に油を注ぎ, わたしの民イスラエルの君主とせよ. 彼は, わたしの民をペリシテ人の手から救うであろう. 民の叫びがわたしのもとに届いたので, わたしは彼らを顧みたのである」. (『サムエル記上』9・16, 池田裕訳, ここで「一人の男」とはもちろんサウルである)

1) ダビデ王の時代

サウル王の女婿 (ミカルの夫) ダビデは前1000年頃に全イスラエルの王となり (位：前1000-961), 都をヘブロンからエルサレム (ダビデの町) に移した. そこには「神の箱」(十戒を記した二枚の板が収められている) が置かれ, 王制が世襲にされた. その結果, イスラエルは部族連合体から王国へと変化した. 預言者ナタンにたいしてつぎのような主の言葉が与えられた (ナタン預言).

> 今, お前はわたしの僕ダビデにこう言え, 『万軍のヤハウェはこう言われる, 「わたしは, 牧場から, 羊の群れの後ろからお前を取って, わが民イスラエルの君主にした. お前がどこに行こうとも, わたしは共にいて, お前の行く手から敵をことごとく断ち滅ぼした. わたしは, 地上の大いなる者たちの名に等しい大いなる名を, お前に与えよう. 〔…〕」〔…〕』(『サムエル記下』7・8-9, 池田裕訳)

2) ソロモン王の時代

ソロモン王 (位：前960-930) はダビデとバト・シェバ (ヘト人ウリヤの元妻) とのあいだの子で, この王のときにイスラエル・ユダの統一国家が実現し, エルサレムのモリヤの丘に「神の箱」のための神殿 (第一神殿) が建造された. ここで神殿礼拝を中心として確立した宗教はユダヤ教の原型であるが, 通常古代イスラエルの宗教と呼ばれる.

4-6 ソロモン王以降

ソロモン王の没後, 統一王国は北イスラエル王国と南ユダ王国に分裂した.

そのうち北王国は前722/21年にアッシリアに滅ぼされた.

　注目すべきは，バビロン捕囚に先立つおおよそ40年程前（前622年）に，ユダ王国のヨシヤ王（位：前640/39-609）によってヤハウェ一神教へと立ち還る改革運動が行われたことである.「列王記下」(23・25)には，ヨシヤ王について「彼のように心を尽くし，精神を尽くし，力を尽くしてモーセの律法のすべてに従い，ヤハウェに立ち帰った王は，彼の前にはいなかったし，彼の後にもそのような王は現れなかった」(池田裕訳)と記されている.このときに作成された律法集がほぼ「申命記」当たると考えられる.ヨシヤ王は，ヤハウェのみを唯一のイスラエルの神とし，異教信奉と偶像崇拝とを徹底的に排除した.さらに地方の聖所を廃止し，エルサレム神殿のみに祭儀を集中した.そして100年間アッシリアの属州になっていた北イスラエルを奪回したが，前609年のヨシヤ王戦死により改革は幕を閉じた.なお「申命記」には，ユダヤ教の精髄を表すつぎの言葉が記されている.

　　イスラエルよ聞け.われわれの神ヤハウェは唯一なるヤハウェである.あなたはあなたの心を尽くし，精神を尽くし，力を尽くして，あなたの神ヤハウェを愛さなければならない.（6・4-5, 鈴木佳秀訳）

　ユダヤ人が身に付ける聖句箱（テフィリン）に，この一節が記された羊皮紙が納められていることからも，一神教のあり様を余すところなく言い表したこの短い一節の重要性が知られる.

4-7　バビロン捕囚

　前597年，新バビロニア王国のネブカドネザル2世によってエルサレムが占領され，多くの人たちが捕囚として王国の首都バビロンに連れて行かれた（第一回バビロン捕囚）.さらに紀元前587年にふたたびネブカドネザル2世によってエルサレムが徹底破壊され，神殿，宮殿がことごとく崩壊した（第二回バビロン捕囚）.

　1)　大災難の原因として人々が考えた理由
　①主が見捨てた
「ヤハウェはわれらに見向きもされぬ.ヤハウェはこの地を見棄てた」(「エ

ゼキエル書」8・12，月本昭男訳）と語られている．

　②主が怒った

　「ああ，何と，／主はシオンの娘を，／御怒りをもって辱めた」（「哀歌」2・1，勝村弘也訳）あるいは「主は敵のようになって／イスラエルを根絶した」（「哀歌」2・5）と語られる．

　③自分たちの罪にたいして主は罰を与えた

　「ヤハウェは，その憤りを汲み尽くし，／燃え立つ怒りを注いだ．〔…〕〔これは〕彼女の預言者たちの罪，／祭司たちの悪行によって〔起こったのだ〕」（「哀歌」4・11-13，「彼女」とは訳者によると「エルサレムの町およびその住民が一人の女性として擬人化されている」）とされる．ここで「自分たちの罪」といわれるとき，農耕神バアルにたいする信仰，それも偶像崇拝をともなった信仰が挙げられる．しかし現実には，ヤハウェとバアル神との同化が進んでいた，ということのようである．

　ここで注目したいのは，バビロンへ連行された人々が，ただ悲嘆に暮れていたのではなく，自分たちを見舞った不幸の原因を冷静に見つめた，ということである．この反省こそが，神殿礼拝中心の古代イスラエルの宗教からユダヤ教への転換を可能としたと考えられる．

　2）　シオンへの憧憬

　捕囚の民は，自分たちを襲った災難の原因を冷静に分析しつつ，やはりこの不幸に打ちのめされてしまうこともあった．「詩編」には，彼らの心情が痛切に感じられる，つぎのような詩句がある．

　　バベルの河のほとりで，

　　そこにわれらは座り，かつ嘆いた，

　　シオンを思い起こして．

　　そのなかの柳の木々に

　　われらの琴をわれらは掛けた．

　　そこで，われらに請うたからだ，

　　われらを虜にした者どもが，詩の言葉を，

　　われらを虐げる者どもが，喜びを──

「われらにうたえ，

シオンの詩を」と．

どうして，われらはうたおう

ヤハウェの詩を，

異国の土地で．（137・1-4，松田伊作訳，「バベル」はバビロンのこと）

シオンとは，エルサレムの神殿がもとあった場所である．ユダヤの民をあざけ
る人たち，ユダヤの民の主までも貶める人たちにたいして，捕囚の民は怒るこ
とすら許されず，ただ嘆くことができるだけである．この一節からは捕囚民の
哀れな心情が切々と感じられる．

　　3）　預言者たちの活動

　バビロン捕囚の時期には，さまざまな預言者たちが，民族の危機に立ち向か
うべく主の言葉を伝えた．

　①エゼキエル

　エゼキエル（前593-573）は捕囚の民としてバビロンに連れて来られた．エゼ
キエルは第一回捕囚の後，主の栄光が捕囚の地に現れるつぎのような幻を見た．

　　私が見ると，なんと，北から激しい風が起こり，大きな雲ときらめく火と
　　それを取り囲む光輝があり，その中に琥珀のきらめきのようなものが――
　　その火の中に――あった．またその中に，四つの生き物の形象があり，そ
　　れらの形姿〔の中〕に人の形象があった．〔…〕私が生き物を見ると，なん
　　と，四つの顔の生き物の傍らの地面に，おのおの一つの車輪があった．こ
　　れらの車輪の形姿とその造りはタルシシュのきらめきのようで，四つとも
　　同一形象であった．〔…〕また，彼らの頭上にある天蓋の上には，サファ
　　イアの石の形姿にも似た王座の形象があり，王座の形象の上には，人間の
　　形姿に似た一つの形象がひときわ高くその上にあった．〔…〕それを取り
　　囲む光輝の形姿は，雨の日，雲間に現れる虹の形姿のよう，そのようで
　　あった．これこそはヤハウェの栄光の形象であった．私は〔これを〕見て，
　　ひれ伏し，語る声を聞いた．（「エゼキエル書」1・4-28，月本昭男訳，「タルシ
　　シュ」とは訳者によるとタルシシュ産の宝石の意味）

この神秘体験は，神の臨在がエルサレムのみに限定されず，いつ，いかなるところでも可能であることを示している．エゼキエルは，シオンへの憧れを捨てない捕囚民に向かって，エルサレムに限定されない神の臨在という新たな神観を人々に説き，彼らに希望を与えようとした．またエゼキエルは，国家滅亡の悲劇の原因として，一人ひとりの倫理的責任を強調した．

> 「〔…〕ところがイスラエルの家は言う，主の道は正当でない，と．イスラエルの家よ，わが道は正当でないのか．正当でないのはお前たちの歩みではないか．／それゆえ，イスラエルの家よ，わたしは各人の歩みに応じてお前たちを審く――とは主ヤハウェの御告げ――．立ち帰れ．お前たちのすべての背きから身を翻せ．咎がお前たちの躓きにならないようにせよ．お前たちが背いたあらゆる背きを，お前たちのもとから投げ棄て，自ら新しい心と新しい霊を造り出せ．イスラエルの家よ，どうしてお前たちは死のうとするか．実に，死にゆく者の死をわたしは好まない――とは主ヤハウェの御告げ――．身を翻せ．そして生きよ」．（「エゼキエル書」，18・29-32，月本昭男訳）

しかしながらエゼキエル自身は，このような神の言葉を伝えつつも，神殿や国家再建の幻についても詳しく語っており（「エゼキエル書」40-48），国家再建の夢を捨てきれない民の一員であったと見なすこともできるのではないだろうか．

　②エレミヤ

　嘆きの預言者と呼ばれるエレミヤ（前627-587）の活動は，申命記改革直前に始まり，改革の高揚とヨシヤ王戦死後の失望と混乱の時代を経て，王国の滅亡と捕囚に至る激動と悲劇の50年に及んだ．エレミヤは，捕囚という大きな災難の原因が神の意志に由来する，という解釈を示した．

> だから，万軍のヤハウェが，こう言われる，『あなたたちが，わたしの言葉に聴き従わなかったので，見よ，わたしは北のすべての種族を取って遣わす――ヤハウェの御告げ――．すなわち，わたしの僕バベルの王ネブカドレツァルに彼ら〔北の諸種族〕をして，この地と，その住民たちと，その周りのすべての国々とを攻めさせ，こうしてわたしは，彼ら〔住民たちと

国々〕を聖絶し，荒廃に帰し，嘲られるもの，永久の廃墟とする．〔…〕』
（「エレミヤ書」25・8-9，関根清三訳）

またエレミヤは長期化する捕囚に現実的な対応を勧めた．

　　イスラエルの神，万軍のヤハウェが，こう言われる，「エルサレムからバ
　　ベルへ，わたしが捕囚に送ったすべての捕囚民に．あなたたちは家々を建
　　てて住みつき，諸々の果樹園を作って，その実を食べなさい．あなたたち
　　は妻を娶って，息子たち，娘たちを産み，あなたたちの息子たちにはそれ
　　ぞれ妻を娶り，あなたたちの娘たちには夫を与えて，また息子たち，娘た
　　ちを産ませ，そこで増えよ．減ることのないように．わたしがあなたたち
　　を捕囚に送ったその町の平和を，あなたたちは求めなさい．その町のため
　　にヤハウェに祈りなさい．まことに，そこの平和は，またあなたたちに
　　とっても平和となるのだから」．（「エレミヤ書」29・4-7，関根清三訳）

なおエレミヤはユダ総督ゲダルヤにたいするクーデターのさい，親バビロニア
派と見なされてエジプトに連行された．

　4）　ユダヤ教の成立

　預言者たちの活動にも励まされ，捕囚民たちは，民族共同体の柱であった王
国と神殿祭儀に代わり，イスラエル固有の伝統的慣習（安息日・割礼・食事の規
定）のなかに新たな拠り所を見いだしていった．

　①律法の収集

　民族の伝統的慣習が集められ，トーラー（モーセ五書）へとまとめられていった．

　②シナゴーグの始まり

　民族の伝統的慣習を学ぶ場として始まったシナゴーグは，やがてエルサレム
の神殿における祭儀の代りとして神を賛美し礼拝する場所となった．

　③安息日（ヤハウェの安息日）の重要視

　捕囚の地において，安息日ごとに「シナゴーグ」に集まって，集められた
トーラーを読み，その解釈を聴く習慣ができあがる．

　こうして捕囚の地において，古代イスラエルの宗教は，トーラーを中心とす
るユダヤ教へと変貌していくことになる．

5） 超越神の思想形成

ヤハウェは，バビロニアの神々や人々も住むこの世界を超越した神として位置づけられた．これはバビロニア宗教（『エヌマ・エリシュ』）にたいする論争のなかで獲得された神観念である．なおバビロン捕囚時代末，エゼキエルにやや遅れて，ペルシア王キュロスが新バビロニアを滅ぼす直前に第二イザヤと呼ばれる預言者（『イザヤ書』40-55 に登場する預言者）が活躍した．彼はパレスチナへの帰還を捕囚の民に告げ，真の神はバビロニアのマルドゥクではなくヤハウェであると主張した．エルサレムへの帰還は，歴史のなかで働く神の贖いの行為，救済の行為であって，救済をおこなう神が，天地を創造した神でもあるとする．すなわち彼はヤハウェが世界を創造した唯一の神であると主張した．彼の神概念には，ゾロアスター教の影響が見られる．ヤハウェが唯一神であることについては，例えばつぎのようにいわれる．

> ヤハウェが，こう言われる，
> イスラエルの王，
> これの贖い主，万軍のヤハウェが，
> 「わたしは初めであり，わたしは終りである．
> わたしの他に神はいない．
> 誰が，わたしのように宣言できるのか．
> わたしに対して，それを告知し，それを並べ立てよ．
> わたしが永久の民を定めた時から，
> これから生起する事ども，来るべき事どもに至るまでを，
> それらを，告知するがよい．〔…〕」（『イザヤ書』44・6-7，関根清三訳）

ところで第二イザヤの預言には，「僕の歌」と呼ばれる歌が四つ含まれている．そのうち，第四の歌は，「苦難の僕」について述べている．これについてはキリスト教のイエスとの連関で，次章で扱うことにする．

6） エルサレム帰還，第二神殿建設

その後ペルシア王キュロスによって新バビロニアが征服され，前538年に故国帰還が許可された．故国へ帰った人々はさっそくエルサレムで第二神殿の再建に取り掛かったが，再建工事は約20年間中断し，前515年にようやく完成

した．しかしこのとき故国へ帰らず，離散のユダヤ人（ディアスポラ）となった者も多くいた．なおキュロス王はゾロアスター教徒であったと考えられている．ゾロアスター教によって，死後の審判と天国，救済者の到来と最後の審判などの考えがユダヤ教に入ったと考えられる．

4-8　エズラの改革

ペルシア王アルタクセルクセス 1 世（位：前 465-424）の治世に，ペルシアの書記官エズラがバビロンからエルサレムへ赴き，エズラおよびユダヤ州知事ネヘミヤが外国人妻の離別をはじめとする改革を断行した（前 430 年頃）．エルサレム神政共同体の浄化がおこなわれた．ここに厳密な意味での「ユダヤ教徒」の始まりが見られる．一方，エルサレムから追放されたサマリア人は，ゲリジム山でサマリア教団を設立した．「ネヘミヤ記」にはつぎのように記されている．

　　民はすべてそろって，水の門の前の広場に集まって来た．そしてヤハウェがイスラエルに命じたモーセの律法の書をもって来るように，と学者エズラに言った．七月朔日，祭司エズラは，〔成年〕男女およびおよそ聞いて理解できる者すべてからなる会衆の前に律法をもって来た．彼は水の門の前の広場で，これら男女および理解力のある者たちを前にして，朝まだきから正午までこれを朗読した．こうして民は一斉に律法の書に耳を傾けた．
　　（8・1-3，村岡崇光訳）

4-9　アレクサンドロスの東征以降

アレクサンドロス大王の東征によって前 330 年にペルシア帝国は滅亡した．前 323 年にアレクサンドロスが急逝したのち，パレスチナは最初エジプトのプトレマイオス朝に，その後シリアのセレウコス朝に支配された．これらの王朝はアレクサンドロスの後継者（ディアドコイ）たちによって建てられたもので，ヘレニズム化が進んだ．

　1）　マカベア戦争による独立の達成

前 168 年，ローマ軍によりエジプトからの撤退を余儀なくされたセレウコス

朝のアンティオコス4世は，ユダヤ民族にたいしユダヤ教の禁止とヘレニズム化を強制した．エルサレムの神殿にはゼウスの祭壇が設けられ，ゼウスのために犠牲が捧げられた．これに反対したユダヤ人の独立闘争はマカベア戦争（前166-前142）と呼ばれる．ユダヤ人たちはユダ・マカベアを先頭に共和制ローマとの同盟関係を後ろ盾にして戦い，前142年，シリアから独立を認められ，前586年の王国滅亡以来の独立を勝ち取った．

　なお「第二マカベア書」（旧約外典）には，律法に背いて豚肉を食べるよう強要された7人の兄弟がそれを拒否して殉教し，いよいよ息をひきとろうという時に，「穢れた男よ，汝がこの世からわれわれを葬り去っても，宇宙の主はその律法のために死ぬわれわれを永遠のよみがえりへと目覚めさせたもうであろう」（7・9，土岐健治訳）といったことが記されている．ここには復活信仰が見て取れるが，「この復活信仰がギリシア的な霊魂不滅思想ではなく，肉体のよみがえりの思想であった」と訳者は述べている（土岐健治「第二マカベア書概説」）．

　2）　ローマによる支配

　前63年，ローマ帝国がシリアを滅ぼした．ローマの将軍ポンペイウスによってエルサレムが陥落．ユダヤ民族の王国は滅亡し，ローマの属州となった．

　3）　主要集団の形成

　マカベア戦争以降，ユダヤ教のなかにはファリサイ派，サドカイ派，熱心党，エッセネ派といった集団が形成されていく．これらの諸派のうち，復活信仰ということに関して，復活を信じるファリサイ派とそれを否定するサドカイ派という対立が存在したことは，のちのキリスト教との関連で注目に値する．

4-10　聖書のギリシア語訳

　聖書のギリシア語訳である七十人訳聖書（Septuaginta）は，前3世紀後半，プトレマイオス2世（位：前285-246）の時代，エルサレムからアレクサンドレイアに派遣された72人の長老たちによってなされたとされる（アリステアスの書簡に拠る）．実際の翻訳は，数百年の年月をかけてまずモーセ五書が，そしてその他の文書が次々にギリシア語に移されていったと考えられる．この翻訳は，エジプトに多く居住していたヘブライ語を理解しないディアスポラ・ユダヤ人のためになされたものであるが，ヘブライ語聖書の逐語訳ではない．この翻訳

のもつ意味は非常に大きく，ユダヤ教からキリスト教へというヘブライズムの
ヘレニズム化はこの翻訳を通して準備されたと見なすことができる．ユダヤ人
哲学者フィロン（Philon, 前25-45/50）のモーセ五書に関する研究はこの七十人
訳聖書に拠った．フィロンはギリシア哲学に基づくユダヤ思想理解を試み，初
期キリスト教教父たちに大きな影響を与えた．福音書記者やパウロ，最初の数
世紀の教会教父たちはこの訳を使用したのである．

4-11　黙示文学

　黙示とは，除幕するという意味のギリシア語で，隠された神の真意を幻など
を通して間接的に開示することである．黙示文学は前2世紀から紀元後1世紀
にかけて登場したが，『旧約聖書』のなかでは「ダニエル書」が黙示文学と呼
ばれる．この時期にはシリアのセレウコス家に支配されていたが，とりわけ前
170年にシリアのアンティオコス4世によってエルサレムの神殿が破壊され，
ゼウス，オリンポスに捧げる祭壇がまつられるという苦難を経験し，メシアに
たいする願望が黙示文学として表明された．黙示文学は終末論的であり，「光
と闇」，「古い時代と新しい時代」といった二元論が特徴であるが，ここにはゾ
ロアスター教の影響を見て取ることができる．この「新しい時代」の救済者と
して登場するのがキリスト教のイエスである．

　イエスはナザレで霊能力者として，ユダヤ教の改革者として活動し，エルサ
レムで磔刑に処せられた一人の人間である．このイエスをユダヤ民族のあいだ
で待ち望まれた救済者（メシア，キリスト）とした要因の一つが，黙示文学に示
された「来るべき世の救済者」という理念であろう．例えば「ダニエル書」に
つぎのような一節がある．

　　　私が，夜の幻の中で眺めていると，
　　　天の雲に乗って，人の子のような者がやって来る．日の老いたる者のとこ
　　　ろに着き，彼の前に導かれた．
　　　支配権と栄誉と王権とが彼に授けられ，
　　　諸国民，諸民族，諸言語〔を語る者たち〕がこぞって彼に仕えていた．
　　　その支配は永遠の支配であってすたることなく，

その王国は侵されることがないのであった.（7・13-14, 村岡崇光訳）

4-12　ユダヤ戦争とバル・コホバの反乱——流浪の民へ

　前63年にローマ帝国の属州となったが, ローマ帝国はユダヤ民族にたいしておおむね好意的で, 民族の宗教, 伝統は基本的に認められてきた. しかしローマの皇帝礼拝をあくまでも拒否するユダヤ人たちにたいして, 強硬姿勢を示すローマ総督も目立ってきた. そしてこのようなローマの支配にたいして急進派ユダヤ人（熱心党）を中心に抵抗を試みる人たちが増加し, やがてユダヤ戦争へと進んでいった（66-70年）. この戦いでローマ軍によって, エルサレムは神殿を含め徹底的に破壊された.

　また131年から135年にかけてバル・コホバの大反乱が起こった. これはハドリアヌス帝（位：117-138）がユダヤ教にたいして弾圧を加えてギリシア化を図ったことにたいしてユダヤ人の不満が爆発したもので, 以降エルサレムへの立ち入りは死刑として禁じられた. これによりユダヤ人は流浪離散の民となることが決定づけられた.

4-13　正典編纂

　ユダヤ教の正典編纂に関しては1世紀の終わりごろにおこなわれたヤムニア会議が重要で, そこでヘブライ語正典の範囲が確定された. また正確なヘブライ語聖書の伝承をめざした本文標準化作業をマソラと呼ぶが, それは6世紀から10世紀にかけてバビロニアとパレスチナでおこなわれた. この作業に携わった学者たちをマソラ学者と呼び, 彼らによってもたらされた写本をマソラ本と呼ぶ. 現存する代表的な写本は, カイロ写本, アレッポ写本, レニングラード写本などである. 現行ヘブライ語校訂版は, このマソラ本を基礎としている.

4-14　ラビ・ユダヤ教へ

　第二神殿崩壊やバル・コホバの大反乱を通して, ユダヤ教は神殿と祭儀を中心とする祭司的ユダヤ教から, ラビ・ユダヤ教へと移行した. ラビとは律法学

者の総称で，200 年頃に口伝トーラーが集大成された『ミシュナ』の成立を契機として，トーラーの学びと実践が重視された．

5　キリスト教徒によるユダヤ教の迫害
――キリスト教成立以降のユダヤ教

　反ユダヤ思想，反ユダヤ主義（antisemitism）の起源は古くキリスト教以前に遡る．他の民族に同化せず，みずからの伝統，習慣，信仰を守り通そうとするユダヤ人たちにたいしては，しばしばその根絶さえも企てられたのであった．ペルシアのクセルクセス王（位：前 486-465）の時代を記した「エステル記」にはつぎのような一節がある．

　　ハマンは，アハシュウェロシュ王に言った，「あなたの帝国のすべての州の諸民族の内に，散らされ，また隔離された一つの民族がおります．彼らの法は，どの民族のものとも異なっており，王の法令を彼らは行なっておりません．彼らを放任するのは，王にはふさわしくありません．王が好しとされますならば，彼らを滅ぼすようにと書かせられますように．銀一万キカルを私は量って，担当の役人たちの手に渡し，王の金庫に納めさせましょう」．王は自分の手から印章付きの指輪をはずし，それをユダヤ人の敵，アガグ人ハンメダタの息子ハマンに与えた．王はハマンに言った，「その銀はお前に与えられる．また，その民族もその銀でお前の好きなようにしてよい」．（3・8-11，勝村弘也訳）

　ユダヤ民族の多くは離散の民として他民族のあいだで生きることを余儀なくされ，パレスチナに留まる人々さえ，他国の支配下にあることが多かった．そして彼らはこの状況にもかかわらず「特別な民族」として自分たちの神以外は認めず，割礼，安息日，食物規定の厳守といった伝統，習慣に固執する．さらにユダヤ民族はきわめて繁殖力に富む人たちであったことも，支配者，他民族から嫌悪され，極端な場合には絶滅といったことすら希求された原因の一つである．そしてキリスト教の成立，発展とともに反ユダヤ思想には理論的整備がなされていく．すでにペトロの説教のうちで，「ユダヤ人たちこそがイエスを

十字架にかけた」ことが宣言されている（「使徒行伝」2・36 参照）.

　原始教会のこのユダヤ人観は，キリスト教徒のあいだに広まってゆき，4 世紀のローマ帝国によるキリスト教の公認，国教化を通じて政治家たちの施政の基本となっていく．とりわけイエスが救世主であることを認めないという理由で，ユダヤ教徒はキリスト教にとって最大の敵と見なされるようになる．キリスト教によるユダヤ教迫害は，とりわけ十字軍以降顕著になる．十字軍は 11 世紀から 13 世紀にかけてキリスト教徒が聖地エルサレムの回復を目的としたものであったが，討伐の対象となった異教徒はムスリムだけでなくユダヤ人も含まれていた．この出来事をきっかけにユダヤ人抑圧が盛んになる．例えば 1555 年，教皇パウルス 4 世がゲットー令を出して，ユダヤ人を強制居住区の壁内に閉じ込めることを命じ，以後 250 年間ヨーロッパにおいてゲットー制度が続く．しかしこのような抑圧においてもユダヤ人はどの地へ行っても自己同一性を保持し続けた．この抑圧は 18 世紀以降の啓蒙主義によって沈静化の方向に進んだが，19 世紀後半の民族主義化の傾向によって再び弾圧が活発となり，ナチスドイツによるユダヤ人大虐殺においてそれは頂点に達した．近世以降の反ユダヤ主義には人種的，経済的要因が強くなる．第二次大戦後の 1948 年，ユダヤ人国家の「イスラエル」が誕生し，流浪の民であったユダヤ人が定住地をもつことになる．しかし今度はそれまでの定住民であったパレスチナのムスリムとのあいだに軋轢が生じることとなった．よく知られているように，パレスチナ紛争は現代世界最大の問題となっているのである．

終わりに
——ユダヤ教の性格

　現代世界のなかで，キリスト教，イスラームという二大宗教が，ともに一神教でありユダヤ教に根をもつ宗教であることは注目に値する．すなわち世界のおもな一神教はユダヤ教的一神教を受け継いでいるのである．また市川裕は 2014 年の日本宗教学会学術大会のパネル発表において，イエス・キリストからローマのキリスト教，さらに西欧へという流れにたいして，一神教のもう一つの流れとしてユダヤ教のファリサイ派からラビ・ユダヤ教へ，そしてラビ・

ユダヤ教からイスラームへという流れを提示し，ユダヤ教の専門用語でイスラームが説明できるという驚きについて語ったが，ユダヤ教が世界の宗教に果たした貢献には計り知れないものがある．ユダヤ教は一神教のその後の展開を決定づけ，人格神としての超越神はキリスト教やイスラームに引き継がれた．またゾロアスター教にその嚆矢が見られる終末思想も，ユダヤ教がその他の一神教に教えた重要なものである．

　ユダヤ教は神の語りかけを聴き取り，その語りを人々に伝えた「預言者」たちによって長い歴史のなかで形成されてきた．預言者たちは，超越者の語りを神の言として伝えた．超越者の語りは秘蔵性をその性格とするが，これまでに取り上げた預言者たちの発言は非常に明確なものという印象を受ける．たしかにそうではあるが，例えばバビロン捕囚時の預言者たちの言動に見られるように，彼らの伝えた神の言はけっして一様ではない．もちろん神の語りが多様であることに問題はないが，イスラームにおける預言者の唯一性と比較するとき，複数の預言者たちによって唯一神の語りとして聴取された「神の言」には，預言者たちによる解釈の余地が潜んでいたと理解することができるかもしれない．この理解は部外者による妄想という域を出ないものだが，ユダヤ教的一神教においても超越者の語りが秘蔵的なものであり，さらにはこの語りそのものが〈秘蔵されたもの〉からの語りかけであると見なすことはできるだろう．このユダヤ教的一神教と〈秘蔵されたもの〉との関わりについては終章で再び考えてみよう．

参 考 文 献

荒井章三『ユダヤ教の誕生』，講談社〔講談社選書メチエ〕，1997 年

井筒俊彦『イスラーム文化』，岩波書店，1981 年

―――『イスラーム生誕』，中央公論新社〔中公文庫〕，1990 年

大澤武男『ユダヤ人とローマ帝国』，講談社〔講談社現代新書〕，2001 年

大島力「正典としての旧約聖書」，池田裕・大島力・樋口進・山我哲雄監修『総説　旧約聖書』所収，日本キリスト教団出版局，2007 年

旧約聖書翻訳委員会訳，松田伊作・並木浩一・池田裕・鈴木佳秀・月本昭男・関根清三責任編集『旧約聖書　全 15 冊』，岩波書店，1997-2004 年

旧約聖書翻訳委員会編『聖書を読む　旧約篇』，岩波書店，2005 年

新約聖書翻訳委員会訳，荒井献・佐藤研責任編集『新約聖書』（全 5 冊），岩波書店，
　　1995-1996 年

土岐健治「第二マカベア書概説」，村岡崇光・土岐健治訳『聖書外典偽典第一巻　旧約外
　　典 I』，教文館，1975 年

秦剛平訳『七十人訳ギリシア語聖書』（全 5 巻），河出書房新社，2002-2003 年

本村凌二『多神教と一神教』，岩波書店〔岩波新書〕，2005 年

山我哲雄『一神教の起源——旧約聖書の「神」はどこから来たのか』，筑摩書房〔筑摩選
　　書〕，2013 年

第3章　キリスト教

　キリスト教は，ユダヤ教を母胎として成立した，イエスをキリスト（メシア）と信じる宗教であり，イエスを創唱者とする創唱宗教である．その信者数は20億人とも見なされ，そうだとすると世界一多くの信者を有する宗教ということになる．キリスト教はユダヤ教の一分派としてパレスチナ地方から始まったものであるが，東ヨーロッパから西ヨーロッパの広い地域へと広がり，やがてローマ帝国の国教として，さらにはヨーロッパの宗教として展開した．ヨーロッパの文化は，キリスト教をその源泉，原動力とする．キリスト教では唯一神「父なる神」が，この世に一人子「イエス＝キリスト」を遣わすという仕方で，しかも「聖霊」を通じて神と人との関わりが成立する．この三位一体の神にたいする信仰こそがキリスト教の核心である．

1　キリスト教の成立

1-1　前提としてのユダヤ教

　キリスト教は，ユダヤ教を引き継ぎ完成させるものとして登場した．そのさいイエス＝キリストは，ユダヤ教で示された預言の完成者と捉えられた．キリスト教成立の基礎となったのはギリシア語に訳されたユダヤ教の聖典（『旧約聖書』）である．ユダヤ教のなかには救済者イエスの原像となる物語が見いだされる．それは第二イザヤ書に示された，「僕の歌」と呼ばれるものである．そのうち第四の歌は，「苦難の僕」について語られている．

　　彼は蔑まれ，人々に見捨てられ，
　　苦しみの人，病に狎れた者であった．
　　顔を背けられる者のように蔑まれ，
　　われらも彼を顧みなかった．

まことにわれらの病を，彼こそが負い，

われらの苦しみ，それを彼は担ったのだ．

しかしわれわれが，彼について思っていたのは，

叩たかれ，

神に打たれ，痛め付けられているのだ，と．

ところが彼は何と，

われらの不義のゆえに，刺し貫かれ，

われらの咎のゆえに，砕かれていたのだ．

われらの平安のための懲罰は，

彼の上にあり，

彼の打ち傷によって，

われら自身は癒されていたのだ．

われらは皆，羊のようにさ迷い，

おのおの己が道に向かった．

ところがハヤウェは，彼に執り成しをさせた，

われら皆の咎に対して．

虐げられたが，しかし彼こそは忍び，

口を開かず，

屠り場へ引かれる子羊のように，

あるいは毛を刈る者の前に黙す雌羊のように，

口を開くことをしなかった．

過酷な公義によって，彼は取り去られた．

そしてその一族のことなど，誰が思い及んだか．

まことに彼は，生ける者たちの地から断ち切られ，

わが民の不義のゆえに，打撃は彼に向けられたのだ．

（「イザヤ書」53・3-8，関根清三訳，以下聖書の訳語に付されたルビは最小限に止めた）

あえて長く引用したのは，ここで示される「苦難の僕」のイメージが，罪人とともにみじめな姿で磔刑に処せられたイエスを「救済者」に引き上げる根拠と

なったと考えられるからである．あるいはひょっとするとイエスの生涯そのものが，この「苦難の僕」によって潤色されているかもしれない．いずれにしても福音書を通して「史的イエス」にたどり着けるかどうかは大いに疑問ではある．なお福音書として「マタイによる福音書」，「マルコによる福音書」，「ルカによる福音書」そして「ヨハネによる福音書」が正典とされたが，そのうち前三者はイエスの生涯を記すという共通の観点をもつことから「共観福音書」と呼ばれる（福音書に関しては以下で，例えば「マタイによる福音書」は「マタイ」といったように著者名のみによって略記する．また『新約聖書』からの引用は，新約聖書翻訳委員会訳に拠った．福音書からの引用は佐藤研訳）．

1-2　イエス

　イエスは，前 4 年頃に生まれた一人のユダヤ人で，「マタイ」および「ルカ」によるとユダヤのベツレヘムで生まれたとされるが，イエスの出生および成長過程に関してはよく分かっていない．福音書のうちで史的イエスにもっとも近いと考えられる「マルコ」も，ガリラヤ地方における宣教開始から始まっている．イエスの宣教のテーマは，律法主義に陥った伝統的ユダヤ教を批判し，ユダヤ教の原点であるとイエスが見なした「愛」に還るようにということである．さらに福音書によればイエスは，霊能力をもち，病人の癒しなどの行為をおこない，民衆の人気を得た．しかしこのような宣教活動はローマ帝国への反逆行為とみなされ，イエスは 30 年頃エルサレムで十字架刑に処せられたのである．

1）イエスの誕生

　イエスの誕生に関しては，「マタイ」と「ルカ」に記述があるものの，よく分かっていないと考えるのが適切であろう．そのうち「マタイ」に拠ると，イエスの母マリアはダビデの家系に属すヨセフと婚約していたが，精霊によってイエスを身ごもったことになっている．注目したいのは，イエスの誕生がユダヤ教における預言の実現として理解されていることである．福音書には「このことすべてが起こったのは，預言者を通して主によって言われたことが満たされるためである」（「マタイ」1・22）と記され，主によっていわれた内容として「見よ，乙女が身ごもって男の子を産むであろう，／そして人々はその名を「インマヌエル」と呼ぶであろう」という「イザヤ書」（7・14）の一節が「七

十人訳聖書」で挙げられている．このことからも，ヨセフの家系の設定も含めて，初期キリスト教会におけるイエスとユダヤ教との連続性の重視が窺えるのである．

　2）　ヨハネによる洗礼と宣教の開始

　誕生後のイエスの成長に関しては，「ルカ」以外に記述がないことからも，よく分かっていないと考えられる．イエスの生涯のうち，四つの福音書すべてに記載され，おそらく史実であると推測される最初の出来事は，洗礼者ヨハネによって洗礼を受けたことである．その後イエスは宣教を開始する．

　宣教の開始に関して，福音書のなかでは，つぎのように記されている．

　　　さて，ヨハネが〔獄に〕引き渡された後，イエスはガリラヤにやって来て，
　　　神の福音を宣べ伝えながら言った，「〔定めの〕時は満ちた，神の王国は近
　　　づいた．回心せよ，福音の中で信ぜよ」．(「マルコ」1・14-15)

イエスはみずからの宣教を，終末到来の切迫感，この世的価値の転換を迫る使命感でもって始めている．この終末接近のメッセージこそ，当時の人々の心に強く訴え，人々を魅惑したものであっただろう．そして終末ののちに来る「神の国」がこの宣教におけるキーワードであり，神の国を待ち望む人たちにイエスは「悔い改め」を要求することになる．

　3）　神の国の原理としての「愛」

　「神の国」と訳される「バシレイア・トゥ・テウ」は，「神の支配」といった意味である．この神の支配は，神の側からの働きかけ，神の来臨によって実現するものである．「神の国」はイエスの宣教の根本語という性格をもつものであって，イエス自身，直接の定義は避けさまざまな比喩を用いて説明している．イエスが比喩を用いたのは，「人々の聞くことができる程度に応じて」(「マルコ」4・33)語ったからだとされる．一例を示すと，つぎのようなものがある．

　　　「神の王国とは次のようなものだ．すなわち，一人の人が大地に種を蒔き，
　　　夜寝て朝起き〔ることをくり返し〕ていると，彼自身の知らない間に種は芽
　　　を出し，成長する．大地がおのずから実を結ばせるのであって，まず茎，
　　　次に穂，次にその穂の中に豊かな穀粒を造りなす．そして，実が〔収穫を〕

　　許す時になるとすぐに鎌を入れる．刈り入れの時が来たからだ」．（「マル
　　コ」4・26-29）

土に蒔かれた種は，それが良い土地に蒔かれるときに，ひとりでに実を結ぶよ
うに，人々に蒔かれた「神の言葉」も，その言葉が人々によって聞かれ受け入
れられるときには大きな実を結ぶのであって，その大きな実が「神の国」とい
うことであろう．

　ところでイエス自身が直接の定義を避ける「神の国」は，イエスの宣教の文
脈から，「愛」を原理とする国だということができるであろう．福音書には，
つぎのように記されている．

　　すると律法学者たちの一人が近寄って来て，彼らが議論しているのを聞き，
　　イエスが彼らにみごとに答えたのを見て，イエスにたずねた，「すべての
　　掟の中で，第一のものはどれでしょう」．イエスは答えた，「第一のものは
　　これだ，**聞け，イスラエルよ．我らの神なる主は，一なる主である．そこ
　　でお前は，お前の神なる主を，お前の心を尽くし，お前のいのちを尽くし，
　　お前の想いを尽くし，お前の力を尽くして愛するであろう**．第二のものは
　　これだ，**お前は，お前の隣人をお前自身として愛するであろう**．これらよ
　　り大いなる他の掟は存在しない」．（「マルコ」12・28-31，太字は『旧約聖書』か
　　らの引用部分で訳者による．以下同じ）

ここでイエスは律法学者の問いにたいし，「申命記」（6・4-5）および「レビ
記」（19・18）の一節を提示し，律法の解釈という形で答えを提出している．イ
エスのこの答えは，イエス自身の確信においては，ユダヤ教の原点に存するも
のということになる．しかしこのイエスの答えは，律法の伝統的な解釈を踏ま
えたものではなく，むしろイエスの独自の解釈であり，ユダヤ教の枠を超える
ものということさえできそうである．

　さらにイエスは，いわゆる「山上の説教」のなかでつぎのようにいう．

　　お前の隣人を愛せよ，『**そしてお前の敵を憎め**』と言われたことは，あな
　　たたちも聞いたことである．しかし，この私はあなたたちに言う，あなた
　　たちの敵を愛せよ，そしてあなたたちを迫害する者のために祈れ．そうす

ればあなたたちは，天におられるあなたたちの父の子らとなるであろう．
なぜならば父は，悪人たちの上にも善人たちの上にも彼の太陽をのぼらせ，
義なる者たちの上にも不義なる者たちの上にも雨を降らせて下さるからで
ある．（「マタイ」5・43-45）

ここで「愛」という事柄に関して，ユダヤ教とははっきりと異なる考えが出さ
れている．この「山上の説教」で示された教えをイエス自身のものと見なすか
どうかには疑問が残るが，いずれにしても「愛」をめぐって，イエスは独自の
宗教的境涯に突入したと考えられる．

　4）　イエスの教え——山上の説教

　「マタイ」5章から7章に記されたイエスの説教，いわゆる「山上の説教」
は，キリスト教の教えがはっきりと見て取れるものとして知られている．さら
にこの宗教的言説からは，多くの人生の教訓を引き出すことができ，キリスト
教徒のみならず多くの人々から聖書が愛読されているのも，こういった説教に
依るところが大きい．例えば，

　求めよ，そうすればあなたたちに与えられるであろう．探せ，そうすれば
　あなたたちは見いだすであろう．叩け，そうすればあなたたちは開けても
　らえるであろう．なぜなら，すべて求める者は手に入れ，また探す者は見
　いだし，また叩く者は開けてもらえるだろうからである．〔…〕だから，
　あなたたちが人々からして欲しいと思うことのすべてを，あなたたちも
　人々にせよ．まさに，これが律法と預言者たちにほかならない．（「マタイ」
　7・7-12）

　狭い門を通って入れ．なぜならば，滅びへと導く門は広く，その道は広大
　である．そして，そこを通って入って行く者は多い．〔しかし，〕命へと導
　く門はなんと狭く，その道はなんと細いことか．そしてそれを見いだす者
　はわずかである．（「マタイ」・13-14）

などは，キリスト教的人生訓として文芸作品にも取り入れられている．もっと
もこれらの説教のほとんどが「マルコ」には見いだせないことからも，実際に
イエスがおこなった言説であるかどうかは確かではない．

　ところで「山上の説教」は,「幸いだ, 心の貧しい者たち, ／天の王国は, その彼らのものである」(「マタイ」5・3) という発言から始まっている. ここで「心の貧しい者たち」は,「悲嘆にくれる者たち」,「柔和な者たち」,「義に飢え渇く者たち」,「憐れみ深い者たち」などと言い換えられている. イエスが教えを説く対象とした人々は, これらの清らかな心で正しく生きながらも, どこか恵まれることがなく苦しみや悲しみを感じている人々であった. しかしそのような人々がかえって, みずからの心が貧しいがゆえに, みずからの自我にたいする執着が抑制され, あるいは滅せられて, そのいわば空虚になった自我の場に神を全面的に受け入れることができるのであろう. このみずからを虚しくして神にすべてを委ねるという思想こそが「山上の説教」の基調となっている.

　5）　イエスの活動
　愛を説く宣教活動がイエスの活動の中心であるが,「マルコ」ではむしろ, つぎのような活動に重点が置かれている.
　① 霊能力者としての活動
　イエスという人物の存在が民衆に強い印象を与え, 磔刑ののちに復活信仰が生まれるようになったのは, イエスの霊能力と深く関係している. イエスの霊能力に関する記述は,「奇跡物語」という形で福音書の大きな部分を占めている. 奇跡物語のうち,「癒しの行為」と見なされるものは,「マルコ」のなかでは,「説教と癒しの始め」(1・21-28),「シモンの姑の癒し」(1・29-31),「夕べの癒し」(1・32-34),「らい病人の癒し」(1・40-45),「中風患者の癒しと論争」(2・1-12),「安息日の癒し」(3・1-6),「豚の群の滅びと悪霊に憑かれた人の癒し」(5・1-20),「少女の蘇生, その一」(5・21-24),「長血の女の癒し」(5・25-34),「少女の蘇生, その二」(5・35-43),「ゲネサレトでの群衆の癒し」(6・53-56),「デカポリスでの聾唖者の癒し」(7・31-37),「盲人の癒し」(8・22-26),「悪霊に憑かれた子の癒し」(9・14-29),「エリコの盲人の癒し」(10・46-52) など, 多くをあげることができる (これらのタイトルは佐藤研訳の見出しに拠る). イエスはこれらの行為を「悪霊を追い出す」という仕方でおこなっている.「癒しの行為」にはさまざまな形態があるが, 一例をあげると,

さて，〔ここに〕十二年もの間，血が流れ出て止まらない一人の女がいた．多くの医者にさんざん苦しめられて，持っている財をすべて使い果たしてしまったが，何の役にも立たず，むしろいっそう悪くなった．彼女はイエスのことを聞き，群衆にまぎれて後ろからやって来て，彼の着物に触った．「あの方の着物にでもいいから触れば，私は救われる」と彼女は思っていたからである．するとすぐに彼女の血の元が乾き，彼女は自分が病の苦しみから癒されたことを体で悟った．イエスは，自分から力が出て行ったことを自らの中ですぐに知り，群衆の中で振り返って言った，「私の着物に触ったのは誰か」．そこで彼の弟子たちが彼に言った，「群衆があなたに押し迫っているのを見て〔おられるはずなのに〕，『私に触ったのは誰だ』〔など〕と言われるのですか」．しかし彼は，このことをなした者を見ようと，あたりを見まわしていた．一方彼女は，自分に起こったことを知り，恐れ，また 戦 き，やって来て彼のもとにひれ伏して，彼に一切をつつみ隠さず
_{おのの}
語った．そこで彼は彼女に言った，「娘よ，あなたの信仰が今あなたを救ったのだ．安らかに行きなさい．そしてあなたの苦しみから解かれて，達者でいなさい」．（「マルコ」5・25-34）

この話で特徴的なことは，ここで癒される病気が，医者（すなわち人間）による治癒の及ばないものであると明記されていること，さらに「娘よ，あなたの信仰が今あなたを救ったのだ」といわれて，癒される人の信仰心が問題にされ，信仰の純粋さが求められていることである．すなわちここでは，イエスによる癒しが人間による治癒行為とは違った次元のもの，「信仰」の次元のものであることに注目すべきである．

　また，イエスが示した奇跡行為としては，「嵐鎮めの奇蹟」（4・35-41），「五千人の 供 食」（6・32-44），「海上歩行」（6・45-52），「四千人の供食」（8・1
_{きょうしょく}
-10）などをあげることができる（以上のタイトルも佐藤研訳に拠る）．

　②ユダヤ教の改革者としての活動

　イエスはユダヤ教徒でありながらユダヤ教の改革者であり，ユダヤ教の原点に還ろうとした．イエスのユダヤ教批判は，形式主義に堕した律法主義的ユダヤ教，すなわちファリサイ派にたいする批判であった．例えば安息日に関して

イエスはつぎのようにいう.

> さて，彼は安息日に麦畑を通っていた．すると彼の弟子たちは，穂を摘み
> ながら進み始めた．そこでファリサイ人たちが，彼に言い出した，「見ろ，
> 彼らはなぜ安息日に許されていないことをするのか」．そこで彼は彼らに
> 言う，「お前たちは，ダビデが，彼自身もまた彼と共にいた者たちも困り
> 果てて飢えた時何をしたか，まったく読んだことがないのか．つまり，彼
> は大祭司アビアタルの時代に神の家に入り，祭司たちの外は誰にも食べる
> ことが許されていない供えのパンを食べ，また一緒にいる者たちにも与え
> たのだ」．そして彼は彼らに言った，「安息日は人間のためにできたので
> あって，人間が安息日のためにできたのではない．だから，人の子は安息
> 日の主でもあるのだ」．(「マルコ」2・23-28)

このよく知られた話においてイエスは，安息日には仕事をしないという形式に
とらわれるのではなく，「安息日」ということで示された神の愛に戻ろうと主
張しているのである．

　ところで当時，体制派であったファリサイ派やサドカイ派に対立する勢力と
して，荒野で共同生活を営むエッセネ派があった．イエスはエッセネ派と何ら
かの関わりがあったと推測されている．

　6）　十字架上の死，復活

　イエスはキリスト教の創唱者とされるが，みずからの行為，教説よりもむ
ろその「死にざま」が決定的な意味をもったという点で，特異な創唱者である
といえる．

　①イエス，死と復活を予告する

　イエスはメシアとしての自覚をもち，死復活というみずからの運命を三度予
告したが，弟子たちはその意味を理解しなかった．福音書はその状況を，「そ
して〔次のように〕彼らを教え始めた，「人の子は，多くの苦しみを受け，長老
たちや祭司長たちや律法学者たちから棄てられ，かつ殺され，そして三日後に
甦らなければならない」」(「マルコ」8・31)と語る．ここで「三日後に甦る」
という言表であるが，『新約聖書』には，「キリストが苦しみを受け三日目に死
人たちの中から甦ると『(旧約)聖書』に書かれている」という記述がいくつも

見いだされる．しかしながら現行の『旧約聖書』にこのような記載を見つける
ことはできない．『新約聖書』のなかでイエスの出来事が，「ユダヤ教において
主が預言者を通していわれていたことが満たされたもの」という趣旨で扱われ
ているだけに，またイエスの死復活がキリスト教の要となる出来事であるだけ
に，この不記載は重大な問題である．この問題に関して「ルカ」の訳者佐藤研
は，たしかに「三日目に甦る」と書かれた具体的箇所は『旧約聖書』に存在し
ないが，「『(旧約) 聖書』に書かれている」というのは「聖書の真意としての神
の意志である，ほどの意味」であると注釈している（佐藤研他訳『ルカ文書』150
頁）．適切な理解であると思われる．

②最後の晩餐

最後の晩餐は過ぎ越し祭の食事としておこなわれ，いけにえの子羊とイエス
とが同一視される．この食事は「主の晩餐」として，のちの聖餐式の起源と
なった．福音書にはつぎのように記されている．

> そして彼らが食べている時に，彼はパンをとり，〔神を〕祝してそれを裂き，
> 彼らに与え，そして言った，「取れ，これは私の体だ」．また，杯をとって
> 感謝して彼らに与えた．そして皆，そこから飲んだ．すると彼は彼らに
> 言った，「これは契約の〔ための〕私の血であり，多くの人のゆえに流され
> るものだ．アーメン，私はあなたたちに言う，私はもはや二度と葡萄の木
> からできたものを飲むことはない，神の王国においてそれを新たに飲む，
> かの日までは」．（「マルコ」14・22-25）

③十字架上の死

イエスはユダの裏切りに遭い大祭司のもとへ連れて行かれた．そこでイエス
は裁判を受けるが，ペトロはイエスを知らないといった．そしてイエスはサン
ヘドリン（最高法院）で協議され，ローマ皇帝直轄属州ユダヤの総督ポンティ
ウス・ピラトゥスに引き渡され尋問を受け，やがて磔刑が決定された．イエス
は十字架につけられ，息を引きとり，墓に葬られた．イエスの罪状は，福音書
によると「ユダヤ人の王」とされ，I．N．R．I．：Jesus Nazarenus Rex
Judaeorum（ユダヤ人たちの王であるナザレのイエス）と表される．福音書はつぎの
ように記す．

　そこでピラトゥスは彼にたずねた，「お前はユダヤ人どもの王なのか」．し
かし彼はピラトゥスに答えて言う，「それはあなたの言うことだ」．すると
祭司長たちはさまざまに彼を訴え始めた．そこでピラトゥスは再び彼にた
ずねて言った，「お前は何も答えないのか．見よ，彼らはやっきになって
お前を訴えているのだ」．しかしイエスは，もはや何一つ，まったく答え
なかった．そのためにピラトゥスが驚くほどであった．（「マルコ」15・2–
5）〔…〕彼らが彼を十字架につけた時は，第三刻であった．そして彼の罪
状〔をしるした〕捨て札には，「ユダヤ人どもの王」と書いてあった．（「マル
コ」15・25-26，第三刻は午前9時頃）

　④　イエス＝キリストとしての復活

　キリスト教にとってイエスの復活は決定的な意味をもつ．復活を通して，ナ
ザレのイエスはイエス＝キリストとしての真の姿を顕かにするし，イエスの死
が人類の罪を贖う贖罪死であるという意味づけもなされることになる．しかし
イエスの復活とはそもそもどのような出来事であったのだろうか．復活につい
て，福音書にはさまざまな記述が見られる．ここではもっとも素朴な記述が見
られる「マルコ」を確認しておこう．

　　さて，安息日が終り，マグダラのマリヤとヤコブのマリヤとサロメは，イ
　エスに塗油を施しに行こうとして香料を買った．そして週の初めの日，朝
　たいへん早く，日の昇る頃，彼女たちは墓へ行く．そこでお互いに言い続
　けた，「誰が私たちのために，墓の入り口からあの石を転がしてくれるで
　しょう」．しかし目を上げて見ると，なんとその石がすでに転がしてある
　のが見える．というのも，〔その石は〕ひどく大きかったのである．／そし
　て墓の中に入ると，彼女たちは白い長衣をまとった一人の若者が右側に
　座っているのを見，ひどく肝をつぶした．すると彼は彼女たちに言う，
　「〔そのように〕肝をつぶしてはならない．あなたたちは十字架につけられた
　者，ナザレ人イエスを探している．彼は起こされた，ここにはいない．見
　よ，ここが彼の納められた場所だ．むしろ行って，彼の弟子たちとペトロ
　とに言え，『彼はあなたたちより先にガリラヤへ行く．そこでこそ，あな
　たたちは彼に出会うだろう』と．彼が〔かねて〕あなたたちに語った通り

である」．／しかし，彼女たちは外に出るや，墓から逃げ出してしまった．震え上がり，正気を失ってしまったからである．そして，誰にもひとことも言わなかった．恐ろしかったからである．(16・1-8)

おそらくこの記述が事態にもっとも近いものであろう．「ルカ」にあるような，わたしは霊ではないという主旨の発言（「ルカ」24・39）や，弟子たちの前で焼き魚を食べたといった内容（「ルカ」24・42/43）は，のちに付け加えられたものであろう．イエスの復活は，キリスト教誕生を決定づける出来事である．この出来事の重みは，復活の「事実」によってしか説明できない．そしてこの事実はイエス磔刑後に復活のキリストに出会った人たちの存在によって担われる．福音書に拠ると復活のキリストに出会ったのは弟子たち，使徒たちである．この出会いは「復活信仰」という言い方があるように，信仰の次元での出来事なのかもしれない．しかし気になるのは，ここに記されている，まずイエスの遺体を訪れたマグダラのマリアをはじめとする女性たちである．このことは次項で考えてみよう．

1-3　キリスト教の誕生

前項ではまず，歴史上の人物としてのイエスについて考察した．このイエスが救済者キリストであることが，すなわちイエス＝キリストがキリスト教誕生の鍵を握るのであり，したがってイエスの死復活こそがキリスト教の核となるのである．

しかしながらキリスト教の成立は，イエスのみでなされたのではない．もちろん決定的に重要な人物はイエスであるが，一番弟子ペトロをはじめとするイエスの弟子たち，そしてその人の文書が『新約聖書』の大きな部分を占めるパウロなくしてキリスト教はない．ペトロはイエスの最初の弟子であり，イエスと行動をともにした人物である．ペトロにとって信仰の中心は，神から遣わされた方，イエス＝キリストである．パウロはペトロと異なり，生前のイエスを知らない．パウロにとって信仰の対象は，人類の罪を贖って磔刑に処せられ，甦ったイエス＝キリストである．そしてパウロにおいて，律法，すなわちユダヤ教との決別をはっきりと見て取ることができる．

　キリスト教の教義は，このパウロの思想を基礎にしている．したがってキリスト教を「パウロ教」と見なすことさえあながち不適切ともいえない．しかし宗教を根底から成り立たせているのは「宗教的心情」とでも呼ぶべきものであるとすると，キリスト教的心情に深く関わっているのはパウロよりもむしろペトロである．パウロとは異なりペトロは，イエスに付き従ったイエスの愛弟子であり，逆さ十字架にかけられての殉教はイエスの従者のイメージそのものである．バチカンの教会が「聖ペトロ大聖堂」と呼ばれ，教皇が「ペトロの後継者」と呼ばれることも，キリスト教にとってのペトロの重要性を表明している．

1）　キリスト信仰の萌芽──復活信仰

　キリスト教の説明によると，キリスト教会は五旬祭の日に聖霊が降臨したことをもってその誕生としている．「使徒行伝（使徒言行録）」には，「そして，五旬節の日が満ちて，皆の者が一団となって共に集まっていた．すると突然，烈風吹きすさぶがごとき音響が天から湧き起こって，彼らが座っていた家全体を満たした．また，火のごとき数々の舌が分かれて彼らに現れ，その一人ひとりの上にとどまった．すると，皆の者は聖霊に満たされ，霊が語らせるままに，異なる言葉で語り出した」（2・1-4，「使徒行伝」からの引用は荒井献訳）と記されている．しかしこの記述は，「使徒行伝」が書かれた100年頃にはこのような認識が生まれていたということを示しているだけであって，実際のキリスト信仰の萌芽は別のところに求められなければならないであろう．キリスト信仰は，イエス磔刑後どこからともなく「イエスが復活した，イエスこそが救済者である」という信仰が生まれたことにその萌芽を見て取るべきだと思われる．この信仰の重要性を鑑みるとき，この復活信仰が復活のキリストに出会った使徒たちにのみ基づくと見るよりも，むしろマグダラのマリアをはじめとする女性たちとの出会いもあったからこそ，ひょっとすると彼女たちとの出会いが先行したからこそ，復活信仰が根深いものとなったと考えられないだろうか．もちろんこの復活信仰には，ユダヤ教におけるメシアにたいする期待，あるいは本村凌二が指摘する，ユダヤ教形成時における死と再生の神話のオリエント世界における拡がり（『多神教と一神教』，とくに第3章参照）など，さまざまな要因が考えられる．そしてこの復活信仰を受けて，イエスの死を贖罪死とする意味づけがなされたと考えられる．

2） 使徒たちの宣教活動と原始キリスト教

イエスの復活信仰を受けて，使徒たちによる宣教活動が始められた．その中心になったのはイエスの一番弟子ペトロであった．「使徒行伝」によると，ペトロはつぎのような説教をおこなっている．

> 「〔…〕イスラエルの人々よ．これらの言葉を聞きなさい．ナゾラ人イエスを，──あなたたちが知っているように，神が彼を通してあなたたちの間で行なわれた数々の力ある業と奇跡と徴とによって，神からあなたたちに〔神の器として〕認証されたこの人を，──神の定めた計画と予知とによって渡されたこの方を，あなたたちは不法の者どもの手で釘づけにして殺したのです．〔…〕このイエスを神が甦らせた．そして，私たちは皆証人なのである．ところで，彼は神の右の座に挙げられ，父から約束の聖霊を受けて，あなたたちが見，そして聞いているこの聖霊を注がれたのである．〔…〕だから，イスラエルの全家ははっきりと知っておくがよい．神はこの方を主ともキリストともされた，あなたたちが十字架につけたこのイエスを」．〔…〕そこで，ペトロが彼らに［言う］，「悔い改めなさい．そして，あなたたち一人一人が，あなたたちの罪の赦しに至るために，イエス・キリストの名において洗礼を受けなさい．そうすれば，あなたたちは聖霊の賜物を受けるであろう〔…〕」．（2・22-38，「ナゾラ」とはナザレのこと）

ペトロの説教は，ユダヤ教の改革者イエスのものとは決定的な点で異なっている．すなわちペトロの宣教の中心は復活のイエス＝キリストである．しかしペトロの説教のなかには，ユダヤ教にたいする否定はまだ見られない．

使徒たちが活躍した時代，復活のイエス＝キリストを信じる人たちは，ユダヤ教内の一異端派という性格をもっていたと考えられる．この「原始キリスト教」と呼ばれる段階での信徒たちの生活について，「使徒行伝」には，「さて，信じた者の集団は，心と想いが一つであった．そして，誰一人その持ち物を自分のものとは言わず，彼らにとってはいっさいのものが共有であった．また，使徒たちは大いなる力で主の甦りの証しをし，大いなる恵みが彼ら一同の上にあった．なぜなら，彼らの中には乏しい者が一人もいなかったからである」（4・32-34）と記されている．神にたいする純粋な信仰によって結ばれた人た

ちによる，心を一つにした共同生活，このような愛に満ちた生活こそが，キリスト教徒の理想とするものであろう．このような理想的な暮らしのゆえに，ユダヤ教の異端派であった彼らの存続が可能となったと考えられる．

　こうして，ペトロを中心とする使徒たちは，エルサレム教会を中心に，ユダヤ人への伝道をおこなった．しかしながらその活動は，66年に起こったローマにたいするユダヤ人による大反乱および70年のエルサレム神殿崩壊によって大打撃を受ける．その結果，キリスト教の中心はパウロによる異邦人伝道を引き継ぐ方向へと移っていった．

　3）　パウロの宣教活動

　キリスト教がヨーロッパの宗教となったこと，そしてその要因としてのキリスト教のもつヘレニズム的性格はパウロに由来するところが大きい．「使徒行伝」にはパウロの自己表明として「キリキア〔州〕のタルソスで生まれたユダヤ人」（22・3），「生まれながらのローマ〔帝国の〕市民」（22・28），「ファリサイ派」「ファリサイ派の子」（23・6）などの記述が見られる．パウロの出身地タルソスは，ストア派の学校も存在したヘレニズム文化の中心地であり，ディアスポラのユダヤ人としてローマ市民であったパウロは，ギリシア文化の教養を身につけていたことが伺われる．またパウロはファリサイ派に属して律法の遵守を重んじ，その熱心さのあまり「教会を迫害し〔続けた〕者」（「フィリピ人への手紙」3・6．以降パウロの手紙は青野太潮訳）でさえあった．

　そのパウロにやがて回心が訪れる．回心の体験は「使徒行伝」に拠ると，キリスト教徒迫害のためダマスコに近づいたパウロは，「サウル，サウル，なぜ，わたしを迫害するのか」という主の呼びかけを耳にする．パウロは「主よ，あなたはどなたですか」と尋ねると，「私は，お前が迫害しているナゾラ人イエスである」という答えを聞く．さらに主はパウロにダマスコへ行くよう命じ，そこでパウロは，「行け．私はお前を遠く異邦人のもとに遣わすのだから」という召命を受けるのである（22・6-21参照）．こうしてパウロは，ギリシア文化の教養を素地に，異邦人伝道へと赴くのである．

　①アンティオキア（アイティオケイア）教会を中心に異邦人伝道

　パウロの伝道活動に関しては「使徒行伝」およびパウロ自身の手紙によって知られるが，その活動について青野太潮の『パウロ』を基にまとめておく．33

年に「回心」を体験したパウロは，約14年間にわたってアンティオキア（アイティオケイア）の教会で伝道に専念した．そして48年頃におこなわれたエルサレムでの使徒会議でユダヤ人伝道（エルサレム教会）と異邦人伝道（アンティオキア）という役割分担が再確認された後，パウロは三回にわたる伝道旅行をおこなっている．すなわち使徒会議後しばらくしておこなわれた比較的小規模な第一次伝道旅行，さらにもっとも重要で大規模な第二次伝道旅行では小アジア，マケドニア，ギリシアなどに多くのキリスト教会を設立している．この旅行の途上，50年頃にコリントでパウロの最初の手紙である「テサロニケ人への第一の手紙」を執筆している．そしてアンティオキア帰還後ほどなくして第三次伝道旅行に出発するが，この旅行において手紙の大部分が書かれた．すなわちパウロは53-55年のエフェソス滞在中に「コリント人への第一の手紙」を，そして「ガラテヤ人への手紙」を書き，またその後コリント（55-56年頃）では「ローマの信徒への手紙」を書いている．そののち彼はエルサレムで逮捕され，ローマで殉教したとされるが，その年代に関しては60年前後と考えられる．

　②思想

　パウロの思想の中心に，「イエス＝キリストによる贖い＝神の恵み」という考えがある．この思想は「ローマ人への手紙」のなかのつぎのような発言からも読み取ることができる．

　　しかし今や，律法なしに，〔しかも〕律法と預言者たちとによって証しされて，神の義が明白にされてしまっている．〔すなわち〕イエス・キリストへの信仰をとおしての，〔そして〕信じるすべての者たちへの，神の義である．実際，〔そこでは〕差別は〔まったく〕ない．すべての者が罪を犯したからであり，〔それゆえに〕神の栄光〔を受けるの〕に不十分だからである．〔むしろ〕彼らは神の恵みにより，キリスト・イエスにおける贖いをとおして，無償で義とされているのである．〔…〕それでは〔ユダヤ人の〕誇りはどこにあるのか．〔それは〕排除されたのである．いかなる法則のゆえに〔排除されたの〕か．〔人間の〕業の法則のゆえにか．否，むしろ信仰の法則のゆえにである．なぜならば私たちは，人間は信仰によって，法則の業なしで義とされる，と考えるからである．それとも，神はただユダヤ人たちだけのもの

なのか．異邦人たちの神でもあるのではないのか．然り，異邦人たちの神
でもある——もしも神が一なる者であるのならば——．その神は，信仰に
よって割礼〔の者〕を，またその〔同じ〕信仰のゆえに無割礼〔の者〕をも，
義とするであろう．（3・21-30）

ここでは信仰によって与えられる神の義，つまり信仰義認ということがテーマ
となっている．ここで問題となっている「罪」とは，「原罪」を意味すると思
われる．原罪とは「遺産としての罪」ともいわれるように，人として生まれる
ことによって受け継ぐ罪である．この罪にたいしては，その根深さのゆえに自
力による罪からの解放の可能性はまったく存在しないのであって，ただ「キリ
スト・イエスにおける贖い」のみが，救済の可能性を与えるのである．した
がって信仰する者がユダヤ人であるかどうかは問題にはならない．

　ではそのさい，律法は否定されているのであろうか．たしかにパウロはその
ように受け取れる発言をしている．

　　実際私は，神に対して生きるために，律法をとおして律法に対して死んだ
　　のである．私はキリストと共に十字架につけられてしまっている．もはや
　　私が生きているのではなく，キリストが私のうちで生きておられるのであ
　　る．（「ガラテヤ人への手紙」2・19-20）

ここには一見，律法にたいする否定が表明されているように見えるが，パウロ
の律法にたいする態度には慎重な洞察が必要になる．パウロはこのようにも発
言する．

　　あなたがた，律法によって義とされ〔ようとす〕る者たちは，キリストか
　　ら引き離されたのであり，恵みから落ちたのである．なぜならば，私たち
　　の方は，霊によって，信仰による義の希望を抱いているからである．（「ガ
　　ラテヤ人への手紙」5・4-5）

ここでパウロは「律法は必要ない」というのではなく「律法によって義とされ
ようとする者たちは」といっている．すなわちパウロは律法そのものではなく，
「律法による義」を否定しているのである．もっともパウロはエルサレムにい

るイエスのかつての弟子たち（使徒たち）を尊重するという姿勢は崩していない．パウロにとって，イエスおよび使徒たちは「律法によって生きる人たち」ではないという認識があったのかもしれない．またこの引用からパウロは，イエス＝キリストを信じるとは，キリストとともに生きること，キリストとともに十字架につけられることだと捉えている．ここではパウロが「信仰」にたいして非常に厳しい見方をしていたことが伺える．また，「それでは私たちは，その信仰のゆえに律法を破壊するのであろうか．断じてそんなことはあってはならない．むしろ私たちは，律法を確立するのである」（「ローマ人への手紙」3・31）という発言さえ出されているのである．

　さらに私たちは青野太潮によって強調される「十字架の逆説」に触れておきたい．青野はその著『パウロ』において（とくに第3章），イエスの十字架のもつ逆説的な意味を指摘する．青野は例えば「コリント人への第一の手紙」のつぎの箇所に注目する．

　　一方でユダヤ人たちは徴を求め，他方でギリシア人たちは知恵を追い求める．それに対して私たちは，十字架につけられてしまっているキリストを宣教するからである．〔このキリストは，〕ユダヤ人たちにとっては躓きであり，異邦人たちにとっては愚かさであるが，しかし，召された者たち自身にとっては，ユダヤ人たちにとってであれギリシア人たちにとってであれ，神の力，そして神の知恵としてのキリストなのである．（1・22-24）

青野はこの引用のなかの「十字架につけられてしまっているキリスト」というみずからの訳を『パウロ』で「十字架につけられたままのキリスト」と訳し直し，「十字架につけられ「殺害されたままの状態のキリスト」こそ「神の栄光」の体現者なのだという，「イエスの十字架」が持つ極めて逆説的な意味」（120頁）を強調する．青野によると「イエスの十字架」が示す呪いこそが「祝福」であり，躓きこそが真の「救い」であり，愚かさこそが真の「賢さ」であり，弱さこそが真の「強さ」なのだといった逆説的な捉え方こそが，パウロの思想の核心なのである．みずからの「弱さ」を認め，「十字架につけられたままのキリスト」から目を逸らさない生き方のなかにこそ，私たちはキリストとともにある「強さ」を実感することができる，これがパウロのメッセージではない

だろうか.

4) 聖書文書の成立

『新約聖書』は，1世紀後半から2世紀前半に書かれた文書から構成されるが，最終的に「正典」(Canon) が確定されたのは4世紀である．そのうち，まず書かれたのはパウロの手紙 (50-60 年頃) である．また福音書に関しては，まず「マルコによる福音書」が70年前後に，口伝さらには断片的資料で伝えられていたものを一つの物語にまとめる形で成立した．その後90年代頃までに，「マタイによる福音書」と「ルカによる福音書」が，「マルコによる福音書」および共通資料 (Q 資料)，さらにそれぞれ独自の資料を基にして書かれたと考えられる．そしてこれらと観点を異にし，より神学的色彩を濃くした「ヨハネによる福音書」が，90年から125年のあいだ頃に書かれた．

5) ローマ帝国におけるキリスト教の勝利

キリスト教はローマ帝国内で発生し，迫害に耐えて発展し最終的に他の諸宗教にたいして勝利した．まず迫害された理由として，ローマ帝国による皇帝礼拝の要求を拒否したことが挙げられる．しかしこの拒否にもかかわらずやがて国教となったのは，「人間は民族の隔てなく唯一の神によって救われる」というキリスト教の教えが，「人間は民族の隔てなく唯一の皇帝によって治められる」というローマ帝国の理念と不思議にも融和し，新たに「皇帝は地上におけるキリストの代理人である」という巧みな理念を生み出すことによってお互いの協調に成功したことが要因として考えられる (浅野和生『イスタンブールの大聖堂』31 頁参照)．したがって同所における「ローマ帝国がなくては，キリスト教という宗教は絶対に生まれることはなかったに違いない」という浅野の主張も頷ける．

さらに他の諸宗教にたいする勝利としてもっとも大きなものは，当時ローマ帝国内で非常に流行していたミトラス教と呼ばれる東方起源の密儀宗教にたいするものである．ミトラス教は古代ペルシアのミスラ神信仰がローマ帝国に伝わったもので，ミスラ神はペルシアで太陽神として崇拝されていた．このミスラ信仰が紀元前後頃にローマに入り，ミトラス教として密儀宗教化した．このミトラス教にたいしてキリスト教が最終的に勝利したのではあるが，キリスト教のなかにミトラス教の秘儀的性格が入り込んでいることは看過できない．神

との合一さえも許容するこの密儀宗教を受け入れることにより，イエスの死復活という理性的に許容しがたい出来事を受け容れる道が拓けたといえるであろう．

2　カトリックの成立

イエスの死復活の後しばらくは，パウロの書簡からも窺えるように，キリストの再臨が強く待ち望まれていた．しかしさすがに2世紀に入った頃から，キリスト再臨への待望は稀薄になっていき，かわってキリスト教の教義を整える方向へと舵が切られていく．2世紀から3世紀にかけて，ローマによる迫害もあった時代に，教父と呼ばれる人たちの活躍によってキリスト教の教義が形成されていった．

2-1　教父たちの活躍

ギリシア哲学と初期教父との関係について大森正樹は非常に適切に，ギリシア哲学の「その一途に知を追い求める態度によって拓かれた知の地平，論理の精緻さはキリスト教神学の形成にとって大きな魅力であった．この宝を非キリスト教的な要素は回避して用いること，これが初期教父に課せられた責務であった」（『中世思想原典集成3』9頁）と述べている．教父たちはギリシアの教養をもつ人たちであったが，その人たちがイエス=キリストを受け入れた理由として，哲学的真理を追究する人たちが，キリストの出来事を真理の完成として捉えたことが挙げられる．ギリシア哲学において当時，ストア派などに見られるように，個人の魂の救済が大きなテーマであったが，この救済を求める人たちにとって，イエスという人格の死復活によって示された神の意志，救済の意志は圧倒的だったのではないだろうか．救済は，その具体性に勝るものはないだろう．

キリスト教にたいする迫害に対応して，みずからの正当性を擁護した護教家，弁証論者と呼ばれる教父たちがいた．ユスティノスに代表される護教家たちは，ギリシア哲学の基本概念を用いて，キリストの出来事を理論的，体系的に説明することを試みた．ユスティノス（Justinos, 100頃-165頃）はサマリア生まれの

護教家で，ギリシア哲学に強い関心をもってそれを学び，哲学的真理認識がキリスト教信仰へ至る道であり，キリスト教こそが真の哲学であると確信するに至った．ユスティノスはギリシア哲学のうちにすでにキリスト教的真理が含まれていることを見いだし，ロゴス（言葉，理性）に従う者，真理を愛する哲学者であろうとした．ユスティノスによると，人間はロゴスの受肉（キリストの出現）以前から理性的精神のうちにロゴスを「種子」としてもっているが，キリストを受け入れる者は完全な真理に至るとされる．彼は晩年にローマで殉教死を遂げた．

　また教父たちのうち，アレクサンドレイア（アレクサンドリア）学派はとくに注目すべきものである．アレクサンドレイアは古代末期の文化の中心地であり，キリスト教とヘレニズム文化の出会いの地として機能した．アレクサンドレイアでは前3世紀にすでに図書館が作られ，またその頃から「ギリシア語訳旧約聖書（七十人訳聖書）」の作成が開始された．この学派は，ユダヤ教とギリシア文化の統合を試みたフィロンの遺産を引き継ぎつつ，オリゲネスも教師を勤めた教理学校においてその形成がなされた．この学派ではイデアの実在から現実世界を説明するプラトンの考えに基づき，キリストについてはその神性を強調するが，それはアリストテレスに基づきキリストの人性を重んじるアンティオケイア（アンティオキア）学派と対照をなした．アレクサンドレイアの学派に属する人たちのうち，3世紀に活躍したクレメンス，オリゲネスは護教的・哲学的で，4～5世紀のアタナシオス，アポリナリオス，キュリロスなどは教権的・正統主義的という特徴を示している．

　そのうちクレメンス（Clemens, 150-215頃）は豊かなギリシアの教養をもち，それによって，キリスト教を基礎づけようとした．彼は神的ロゴスであるキリストにたいする信仰を，神への愛を通じて「覚知」（グノーシス）にまで高めることを目指し，霊魂を浄め向上させることを重視したが，グノーシス主義者にたいしては批判的であった．さらにオリゲネス（Origenes, 185頃-254頃）であるが，キリスト教の思想形成におけるオリゲネスの功績は甚大である．オリゲネスにおいてキリスト教はギリシア哲学を取り込み神学を形成したが，その神学はギリシア哲学に匹敵するレベルの学問にまで高められた．もっとも彼の神学にはその根底に神への熱烈な信仰心が存するが，これは彼の父親の殉教とも深

く関わっている．この信仰心を基にした聖書の霊的解釈は，以後のキリスト教霊性の展開に大きな意味をもった．

　しかしながらラテン教父の嚆矢となるテルトゥリアヌス（Tertullianus, 150頃-220以降）は厳格主義的，禁欲主義的で，キリスト教信仰にギリシア思想が入り込むことを拒否し，信仰の哲学的解釈を否定した．テルトゥリアヌスはカルタゴに生まれた西方の護教家で，ラテン語で著述をおこなった最初の人である．彼を有名にした「不条理なるがゆえに我信ず」は，彼の思想をよく表している．また彼はキリストの「ペルソナ（人格，位格）」，「トリニタース（三位一体）」といったラテン語の概念を使い，教理形成に重要な役割を果たした．

2-2　グノーシス主義との対決

　グノーシス主義は70年のエルサレム陥落の後に顕在化し，そののち数世紀にわたって活発に展開した宗教運動で，光と闇，霊と物質の二元論をその特徴とする．そして闇から光へ，物質・肉体から霊への移行のために，啓示されるグノーシス（覚知，認識）によって自己がその内奥において神的本質と合一していると知ることが，すなわち本来の自己を霊的に自覚することが必要とされる．グノーシス主義は小アジア西海岸からシリア，エジプトへと広がったが，さまざまなヴァリエーションをもち，キリスト教を借りてその思想を表現するものであった．

　グノーシス主義を解明する資料としてまずエイレナイオスの著述が挙げられる．エイレナイオス（Eirenaios, 130/40-200）はリヨンの司教で，『異端反駁』と呼ばれる書においてグノーシス派の諸説と神話を検証している．しかしとりわけ20世紀中頃にエジプトのナグ・ハマディで発見された「ナグ・ハマディ文書」は，グノーシス主義者自身によるものでコプト語で筆写されており，グノーシス主義の解明に画期的な重要性をもつものである．

　グノーシス主義の諸グループには，その始まりとなるケリントス派やシモン派に続いて，2世紀半ばにアレクサンドレイアで成立した最大グループのウァレンティノス派がある．ウァレンティノスや弟子のプトレマイオスは，神々の領域から物質世界までを流出理論を用いて思想を体系づける．すなわち至高存在（光の世界）により霊的存在の充満する神々の領域が産出されるが，霊的存

在の最下位にあるソフィア（知恵）の過失により無知蒙昧な造物神が生まれ，
その造物神によって地上世界が造られることになる．その造物神により，光の
世界から啓示された姿に倣って心魂的存在として人間が造られたが，さらに光
の世界から霊が吹き込まれて初めて人間は動くものとなる．そのため最後に肉
体が付加されたとしても，人間は自身の内奥において至高存在との合一が可能
なのである．

　先述したように2～3世紀の教父たちによるキリスト教教義の形成は，グ
ノーシス主義者たちとの対決を通してなされたという側面がある．例えばエイ
レナイオスは神の意図の実現としての救済史を説くことで物質や肉体の積極的
意義を示し，グノーシス主義者に対抗した．

2-3　教義の確定

1）アレイオス論争

　アンティオケイアで学びその学派の影響を受けた神学者アレイオス（Areios,
250頃-336）と，アレクサンドレイアの司教アレクサンドロスおよび「キリスト
教正統信仰の父」と呼ばれるアタナシオス（Athanasios, 295-373）とのあいだの
論争は，教義確定に重要な意味をもった．アレイオスは，神の本性は分割され
えないものであるゆえに，父によって産み出された子は父と同等の神性をもた
ず，キリストの本性は神聖ではあっても神性ではない，さらに聖霊は「子」の
被造物であるゆえに「子」より劣るとする従属説を主張した．これにたいして
アレクサンドロスとアタナシオスは，アレクサンドレイア学派の考えに則して，
キリストは真の神性をもち神自身と同質であると主張した．この論争は公会議
による決着へと持ち込まれ，アタナシオスの考えを基に「三位一体論」へとつ
ながる信条が採択されることとなるが，三位一体論形成において「カッパドキ
ア三教父」と呼ばれる3人の教父が大きな役割を果たした．4世紀を代表する
ギリシア教父であるカッパドキア三教父とは，カエサリアのバシレイオス（大
バシレイオス）（330頃-379），その弟ニュッサのグレゴリオス（335頃-394頃），そ
してこの兄弟の友人ナジアンゾスのグレゴリオス（330頃-390）である．大バ
シレイオスは，父・子・聖霊が実在する三つの位格であるとする三位一体論の考
えを展開し，ニュッサのグレゴリオスとナジアンゾスのグレゴリオスは，大バ

シレイオスの意志を継いで，コンスタンティノポリス公会議における三位一体論の確立に尽力した．そしてコンスタンティノポリス公会議は，はじめ司教座にあったナジアンゾスのグレゴリオスの考えに沿う形で進行した．また三位一体論のうちの聖霊に関する叙述に寄与したのはニュッサのグレゴリオスであるとされる．

　２）　公会議による教義の確定

　国教としてのキリスト教の教義確定は，皇帝が開催する公会議によってなされた．325 年，皇帝コンスタンティヌスによって召集された第一回ニカイア公会議において，父なる神と子なるキリストは「同一本質（ホモウーシオン）」とする「ニカイア信条」が採択された．これによりアレイオス派は異端とされ，アタナシオス派が勝利することとなったが，この決定はアレイオス論争の最終決着とはならず，381 年，皇帝テオドシウスにより第二回コンスタンティノポリス公会議が開催された．この公会議においてニカイア信条が確認され，さらに聖霊の神性が認められた．こうして神は父と子と聖霊という三つの位格のなかに，みずからを同時に示す一つの神であり，三つの位格はそれぞれ完全な神性をもつが，存在するのは一つの実体，一つの神であるとする「三位一体論（三一論）」が確立した．

　さらに 431 年，第三回エフェソス公会議では，ふたたびキリストの人間性を強調するネストリウス派が議論され異端とされた．しかしネストリウス派はその後ササン朝ペルシアに受け入れられたのみならず，中央アジアを経て唐代の中国に伝わり景教と呼ばれた．451 年の第四回カルケドン公会議でもこのネストリウス派排斥は確認され，受肉後の本性としての神性のみを認める単性説は異端とされた．

　３）　三位一体論とは

　このようにして「三位一体論（三一論）」が形成されていった．この三位一体論を小田垣雅也は「神がイエス・キリストを通して，聖霊の力によって自分たちを救われたという古代教会の原体験の表白」（『キリスト教の歴史』64 頁）と見事に定義している．ところでこの三位一体論は日本人にとって馴染みのない思考で，仏教の「三身説」のようなものかとの思いを懐かせる．仏教では仏のあり方を，真如そのものとしての法身，歴史的世界に身体をもって現われた姿と

しての応身，菩薩の願と行とが報われた姿としての報身という三つによって説明する．最後の報身とキリスト教の聖霊とは異質なものであるとしても，法身と応身はキリスト教における父なる神と子なるキリストに対応することは容易に見て取れるであろう．仏教とキリスト教にはともに，姿や形をもたない真理そのものが具体的な人間の形を取って歴史的世界に現れる，という共通した考えが存するのである．

2-4　アウグスティヌスの思想——カトリックの思想体系の成立

　以上見てきたように，キリスト教教義の形成はおもにアレクサンドレイア，コンスタンティノポリスを中心とする東地中海地域で，ギリシア語によってなされた．それにたいしてローマを中心とする西側の地域ではヒエロニュムス（Hieronymus, 340頃-420）によってラテン語訳聖書（ウルガタ）が作られ，またアンブロシウス（Ambrosius, 339頃-397）によって東方教父の神学が取り入れられたが，その形成にとって決定的な意味をもったのがアウグスティヌス（Aurelius Augustinus, 354-430）である．アウグスティヌスによってキリスト教を魂の問題として捉える方向が出され，修道院思想へとつながっていくことになる．

　アウグスティヌスは354年，北アフリカのタガステに生まれた．母モニカは敬虔なクリスチャンとして知られている．青年時代「悪」の問題に悩み，当時はキリスト教と異なるものではないと受け取られていたマニ教に救いを求め，およそ9年間にわたりマニ教の聴講者として過ごした．マニ教はこの現実世界を「霊」（善・光・神）と「物質」（悪・闇・悪霊）の対立闘争の場として捉え，物質からの離脱を説くが，この二元論によって悪の問題を解決することはできなかった．彼はやがてアンブロシウスから文字の奥に隠された霊的意味を読取るアレゴリー的聖書解釈を学び，さらに新プラトン派の書物によって霊的世界に目覚めることとなったが，彼を苦しめた悪は外から蒙る禍ではなくみずから為す罪であり，罪の根源を測り知れない深さにまで追求するとき，人間本性そのものに根ざす「原罪」を自覚することとなった．そしてこの原罪からの救いはもはや人間の力を超えたものであり，ここでアウグスティヌスは神の「恩寵」に出会うことになる．そしてついに386年，劇的な回心が訪れる．彼はそののち391年にはヒッポの司祭，さらに5年後に司教となって西方教会の理論的指

導者として活躍し，430年に死去した．

アウグスティヌスは司教になって以来25年に及ぶドナトゥス派との論争に，さらに412年以降はペラギウスとの論争に明け暮れることとなった．秘跡の効果をそれを執行する者の人格と関係づけるドナトゥス派との論争においてアウグスティヌスは，秘跡の真の執行者はキリスト自身であるので，秘跡は，そして教会の権威は客観性をもつと主張した．また意志の自由と道徳的責任を主張するペラギウスとの論争では，原罪からの救いは人間の力を超えたものであって神の「恩寵」によってのみ可能であることを示し，人間はみずからの「みじめさ」を知ることによってはじめて，そのみじめな自分の所にまで下りてくださる神の「あわれみ」の深さを知ることができるとした．

3　中世のキリスト教

ヨーロッパの中世は，キリスト教が政治と強く結びつき，カトリック位階制度の頂点に立つ教皇と国王とが互いに支え合うとともに，世俗権力を巡って激しい抗争を繰り広げた時代である．他方でそのような政治色の強いキリスト教に背を向けた修道院運動の展開も中世のキリスト教を特色づけている．

3-1　カトリックの展開
1）教皇

カトリック教会の展開は，その頂点に君臨した教皇たちによって彩られている．まず中世の始まりを告げる大教皇グレゴリウス1世（位：590-604）は，フランク王国と結びつくことにより東ローマ皇帝からの独立を模索し，ローマ（キリスト教）とゲルマン（フランク王国）との結合による新たな西ヨーロッパ世界の誕生を導いた．またフランク王国カロリング王朝のカール大帝に戴冠して「ローマ皇帝」の称号を与えたレオ3世（位：795-816）や，オットー1世に戴冠して神聖ローマ帝国を誕生させたヨハネス12世（位：955-963，964）によって，キリスト教会は王権に霊的権威を与える機関として機能した．

このようなキリスト教会の世俗権力を凌ぐ権威は聖職売買や聖職者の妻帯といった頽廃を誘引したが，レオ9世（位：1049-1054）からグレゴリウス7世

（位：1073-1085）に至る「グレゴリウスの改革」を経て，グレゴリウス7世の時代に教皇権は全盛期を迎えた．グレゴリウス7世は皇帝ハインリヒ4世とのあいだに叙任権闘争を展開したこと（カノッサの屈辱）でも知られる．そしてウルバヌス2世（位：1088-1099）による十字軍の開始を経てインノケンティウス3世（位：1198-1216）において教皇権は絶頂に達した．この教皇はドミニコ会士やフランチェスコ会士を受け入れ第四ラテラノ公会議を招集した一方，第四回十字軍を起こしてコンスタンティノポリスを占領した．

　この隆盛を極めた教皇権もボニファーティウス8世（位：1294-1303）のときには衰退が見られ，とりわけクレメンス5世（位：1305-1314）のアヴィニョンへの移住はその衰退を明確に示すこととなった．

　2）　正統と異端

　中世のキリスト教は，正統と異端をめぐる議論を通じて，その議論をエネルギーとして展開したという面をもつ．ここでカトリックの核心となる正統と異端の問題を考えてみたい（堀米庸三『正統と異端』参照）．教会の正統性の聖書的根拠は，イエスがペトロに語った「この岩の上に，私は自分の教会を建てよう」（「マタイ」16・18）に求められる．したがって教会は神が人類を救済するための施設であり，この恩寵を伝達する行為である秘跡（サクラメント）は，秘跡を執行する者の人格と無関係にその効果を現すと考えられる．というのも秘跡は聖霊の力を受けてなされるからであり，秘跡執行者は究極的には神だからである．この「事効論」と呼ばれる考えにたいし，教会はそれを構成する成員を離れて客観的な価値をもつことはないとする「人効論」が主張されるのは当然であろう．さきにドナトゥス派との論争において教会権威の客観性，秘跡の客観性を主張したアウグスティヌスに見られたように，教会は原則として事効論を「正統」と見なした．しかしながらこの原則を推し進めると，グレゴリウス改革で問題とされた聖職売買や聖職者の妻帯といった倫理性の失墜が横行することは歴史が証明している．さらにまた俗人（皇帝）による聖職者任命も聖職売買と見なすべきか，といった論点も浮上する．これらの論争で核となるのは教会権威の客観性，秘跡の客観性ということである．この客観性の根拠が神や聖霊に求められる以上，この教会における叙品を通じて聖職者に刻まれた「神の印」は消えることがなく，聖職者の倫理性がさらに問われることはないはず

である．しかしながらグレゴリウスの改革において，腐敗聖職者が執りおこなう秘跡が有効かが問われその有効性が否定されもした．

この改革では聖職売買や聖職者妻帯を禁ずる教会浄化運動が展開され，俗人による聖職者任命は聖職売買と見なされた．たしかに聖職売買や聖職者妻帯の禁止は「人効論」に基づくものであり，異端の立場を認めたことになる．しかしながらこの改革によって正統と異端をめぐる議論に決着を見たわけではなく，むしろこの改革においてもカトリックにおける神の恩寵，人間の自由意志と倫理性をめぐって活発な議論がなされ，この議論を通してキリスト教の自己認識が深められていったのである．

3-2　修道院の展開

中世ヨーロッパのキリスト教はさきに見たように政治権力と深く結びつき，聖職者の腐敗という問題につねに直面していた．他方そのような腐敗を嫌い，イエスに倣って世俗を捨てて魂の満足を求め禁欲生活を実践する人たちがいた．「禁欲」とは，欲望を離れたイエスの生き方がプラトン的，ストア的禁欲生活と結びついたものと考えられる．彼らははじめ孤独な隠修士であったが，やがて使徒的共同生活の再現をめざす修道士として活動していく．修道院，修道士の活動もまた中世のキリスト教を特徴づけるものであり，神を求める彼らの活動には独特の霊性が見て取れるのである．

1）　キリスト教修道制の始まり

キリスト教修道制はエジプトにおいて始まったと考えられる．キリスト教修道制の父と呼ばれる聖アントニオス（251頃-356）は，エジプトの砂漠において禁欲，苦行生活をおこなった．彼のような孤独な禁欲修行者は隠修士と呼ばれ，修道士の原像となっている．この隠修士にたいしパコミオス（292頃-347）は320年頃，共同生活をおこなう修道院を建て，修道規則を書き残すなど，共住修道院の先駆的役割を果たした．またパレスチナにおけるエッセネ派の生活も，共住の修道生活の原像を提供するものであると考えられる．

さらにカッパドキア三教父の一人カエサリアのバシレイオスは，アントニオス的隠修士のありかたとパコミオスの共住修道制をふまえて共住型修道院制を確立し，神との一致をめざして修道者の共同体における自己放棄と隣人愛とを

組織的に体系づけた．彼は二つの「修道士規定」を起草し，共住修道制を基本
とする東方修道制の基盤を作った．

2） 西方の修道制

西側の修道制にとって，アウグスティヌスが示した祈りと労働の生活は，以
後の修道院のあり方を規定していくことになる．また西方の修道制の始まりと
して，レランス島の修道院やアイルランドの修道院も注目すべきものではある．
しかしながら529年頃にモンテ・カッシーノに修道院を創設し，540年頃「聖
ベネディクトゥス戒律」を定めたベネディクトゥス（480頃-547頃）こそが「西
欧修道制の父」と呼ばれるにふさわしい．ベネディクトゥス修道会の基本理念
は，「祈れそして働け」という標語に現れているように観想と活動ということ
である．この理念は戒律において具体的に規定されており，以後この戒律を基
本原則として修道院活動は拡大発展していくのである．

3） 修道院改革運動

9世紀から10世紀にかけてイスラム圏では文化的繁栄を誇った反面，キリ
スト教地域での文化的沈滞のみならず宗教者の倫理的腐敗は目を蔽うものが
あった．このことは修道院も例外ではなかった．この時期，バイキングをはじ
め異教徒による攻撃や略奪も加わって修道院の頽廃が進んでいたが，この状況
を受けて910年，フランスのブルゴーニュ地方でクリュニー修道院による改革
運動が始まった．この改革ではとりわけ「聖ベネディクトゥス戒律」の遵守が
強調され，修道士による修道院長選出や教皇への直属を通じて世俗権力からの
独立がめざされた．クリュニー修道院は度重なる改革を通じて拡大し，12世
紀初頭にはおよそ1500の分院をもつまでになった．この拡大はこの時代の雰
囲気，キリスト受難の千年目にたいする恐怖などと関係している．すなわち
人々はこの恐怖にたいして修道士による贖罪，「執り成し」を求めた．しかし
ながらその結果，修道院に多くの寄進が集まり，壮麗な儀式，絵画や音楽，建
築などに莫大な資金がつぎ込まれることになり，修道院の理念から離れていく
ことになった．

こうして祭式偏重主義に陥ったクリュニー修道院にたいし，11世紀後半の
グレゴリウス改革の機運をも受けて，「聖ベネディクトゥス戒律」の原点に還
り使徒たちの生き方に倣う改革運動が起こった．1098年，同じブルゴーニュ

の地にシトー修道院が創設され，「聖ベネディクトゥス戒律」を遵守する清貧と労働の生活が営まれた．この修道院の数は 12 世紀末には 500 を超えるまでになったが，この発展に大きく寄与したのがクレルヴォーのベルナール（Bernard〈Clairvaux〉，1090 頃-1153）である．十二世紀ルネサンスの人文主義者としても名高いベルナールは，シトー会入会後の 1115 年にクレルヴォーと呼ばれる渓谷に修道院を創設し，その修道院長として働くかたわら多くの修道院を創設してシトー会の発展に尽力した．

　4）　托鉢修道会

　托鉢修道会の出現は，それまでの修道会の伝統に「遍歴」という要素を付け加え，さらに当時進展しつつあった大学における学術研究の分野への修道士の進出という新たな局面を切り拓いた．まずドミニコ会の創始者ドミニクス（Dominicus，1170 頃-1221）はスペインの人で南フランスで説教者兄弟会を設立した．ドミニコ会士は巡回説教を中心に福音の宣教を使命として簡素で厳しい生活を実践した．巡回はキリストのための遍歴を意味し，使徒の模範に倣った貧しく権力をもたない共同生活をおこなった．不断の学びを重視しパリやボローニャという大学町で活動した結果，スコラ学を担ったトマス・アクィナスのようにパリ大学のスタッフに多くのドミニコ会士が進出し，神学を中心とする学術の分野で大きな勢力となった．

　また同じ頃イタリアのアシジに托鉢修道会のフランチェスコ会が誕生した．その創始者アシジのフランチェスコ（Francesco〈Assisi〉，1181/2-1226）は 13 世紀のはじめ，すべての所有を離れ己を空しくしてイエス＝キリストに倣う生活を始めた．1210 年にインノケンティウス 3 世の認可を得たフランチェスコ会は1223 年，教皇ホノリウス 3 世によって『会則（第二会則）』が承認され，福音書に従いキリストとともに清貧の生活をおこなう修道会が正式に誕生した．1257年に同会の総長に就任したボナヴェントゥラは神学者，哲学者としても知られ，精神が神へと上昇してその完全性へと到達する歴程を披瀝した．

　5）　修道会のその後

　ひたすら神を求め霊的生活に明け暮れる修道会も，西方の修道会に限ると，教皇権の衰退やカトリックの弱体化と歩を合わすかのように，その活動に清新さが見られなくなった．そもそも修道院は教皇を頂点とするカトリックの位階

制度に反発して誕生したものであるが，実際は修道院が教皇に近づくことも逆に教皇が修道院に歩み寄ることも少なくなかった．もちろん修道会はその後も存続したが，例えばアトス山（ギリシア）の修道院といった現在でも世俗を完全に離れた生活を送っている修道士たちは東側のキリスト教に属する．そこでつぎに東のキリスト教，正教のキリスト教に光を当ててみよう．

4　東方のキリスト教

　私たちのキリスト教にたいするイメージはクリスマスと切り離せないであろう．イエスの誕生を祝うことがないキリスト教，正教のキリスト教は私たちに馴染みのないものであるが，むしろ伝統により忠実であることをめざす．すなわちローマを中心とする西のキリスト教（カトリック）にたいし，コンスタンティノープルを中心とする東のキリスト教は，「発展」をモットーとする西のキリスト教にたいして，「伝統」を基本としている．教義は，第一ニカイア公会議（325年）から第二ニカイア公会議（787年）のあいだに開かれた7回の公会議決定に基づき，そこで教義は完成したと考えられている．

4-1　歴史

　これまでに見てきたように，そもそもキリスト教はエルサレムをはじめアレクサンドレイアやアンティオケイアといった地中海東側の地域で形成されたものである．そしてキリスト教を公認したコンスタンティヌス帝によって330年，ローマからビュザンティオンへと遷都されたことが東のキリスト教にとって決定的な意味をもった．その後コンスタンティノープルと改称されたビュザンティオンは第二のローマ（新ローマ）とも呼ばれ，キリスト教にとってローマと並ぶ中心となった．コンスタンティノープルはとりわけ西ローマ帝国滅亡（476年）後は東ローマ帝国（ビザンティン帝国）の首都として繁栄したが，キリスト単性説や聖画像をめぐってコンスタンティノープル総主教とローマ教皇が互いに破門し合うという事態がたびたび繰り返され，1054年，最終的に東西教会が分裂することとなった．しかしその後もインノケンティウス3世の第四回十字軍（1202-1204）によるコンスタンティノープル占領，ラテン帝国樹立と

いった干渉がおこなわれたが，ビザンティン帝国は 1453 年，オスマン帝国の
メフメット 2 世によって滅亡した．

4-2　特徴

さきほどキリスト単性説や聖画像といった論点が出てきたが，「発展」と
「伝統」という対立に加えて，理性と信仰を峻別する西のキリスト教にたいし
て，正教は理性と信仰を一体のものと見なしており，キリストの生活形態を師
父から弟子へと忠実に受け継ぐという仕方で伝統を守ろうとしている．

1）「子からも」ということ

正教の立場をよく表しているものとして「子からも」の問題がある．これは
聖霊の発出に関する論争（フィリオクエ論争）であって，西のカトリックは子か
らの発出を認めるのにたいして，正教は聖霊が父からのみ発出すると主張する．
正教から見れば，「子からも」の追加は，聖霊の役割をおとしめるものであっ
た．すなわち正教の立場では聖霊こそが人と神との関わりを可能ならしめるも
のであり，さらに人が神と一つになる可能性をも与える重要なものなのである．

2）人間の神化ということ

この「子からも」の議論から見て取れるように，正教ではみずからの内奥に
おいて聖霊と一つになる可能性，つまり神と一つになる可能性が人間に開かれ
ていると考える．この意味で正教は神秘主義的ということができるが，人と神
との絶対的差異というキリスト教の立場を超えて人間の神化を許容するところ
に正教の特色を見ることができる．この立場は仏教に近いものさえ感じさせる．

この立場をめぐってのちに「ヘシュカスト論争」が繰り広げられた．ヘシュ
カズムとは，人が神になるための行法であり，祈りを通じて自己と祈りが一つ
になり，自己がその根底である「ヘーシュキア（静寂）」の場に還ることにより，
その場において祈る自己と祈りの対象であるイエス＝キリストとが一つになり，
自己の祈りのなかに静寂の鳴り響きとしてとしての神の祈りを聴くことになる
と考えるものである．この立場にたいしてバルラアム（1290 頃-1350）は神の不
可知性，接近不能性を主張してヘシュカストの考えを非難したが，その批難に
たいしてアトス山の修道士であったグレオリオス・パラマス（1296 頃-1359）は，
神がその本質において接近不能であることは認めつつも，その活動においては

接近可能であると主張して人が神と一つになる可能性を認めた．そのさい神は人と一つになるみずからをも超える，という仕方で神の超越性を護った．このグレオリオス・パラマスの考えは正教の思想の一つの柱となっている．

3）　イコンをめぐる問題

イコンとはもともと像，写し，似姿を意味し，壁や板にキリストや聖母，諸聖人の肖像，事績を描いた聖像，聖画像，聖像画などがイコンと呼ばれた．イコンは6世紀頃からビザンティン帝国で発達し，見えるもの（画像）を通して見えないもの（超越者，超越の次元）へと人間を導くものとされる．730年，ビザンティン皇帝レオン3世は勅令ですべての聖像の破壊を命じ，聖像破壊運動が始まった．皇帝はコンスタンティノポリス総主教を罷免したが，翌年，教皇グレゴリウス3世が逆に聖像破壊運動派を破門した．このようにして起こった聖画像論争とは，キリストや聖母マリアの画像，また殉教者の聖遺物にたいする礼拝を偶像礼拝として否定するかどうかをめぐる論争である．787年，第二ニカイア公会議において神だけに向けられる崇拝と聖画像に払われる崇敬を区別し，崇敬の対象としては画像は認められた．しかし聖画像論争はこれで収まらずローマ教皇は聖像破壊運動を異端とする立場を取り，このことは東西教会の最終的分裂の一因となった．

そもそも正教においてイコンは人間が描いたものではなく，神が人間に描かせたものと理解され，したがってイコンは偶像崇拝には当たらないと考えられるのである．このように正教のキリスト教は私たちが通常イメージするキリスト教とはかなり違ったものである．私たちはよく西のキリスト教と東の仏教とを対比させ，「キリスト教と仏教との対話」といったテーマを立てるが，そもそもキリスト教そのもののうちに「西と東」があることを認識しなければならない．

5　近代のキリスト教

5-1　宗教改革

1）　宗教改革の兆し

14世紀から15世紀にかけて教皇のアヴィニョン捕囚（1309-1377），教皇庁大

分裂（1378-1417）などを通して教皇の権威は弱体化したが，そのころ，本格的な宗教改革の先駆けとなる思想家たちが出現していた．まずウィクリフ（John Wycliffe, 1320 頃-1384）はオックスフォード大学で教鞭を執ったイギリスの神学者で，キリスト教信仰にとっての唯一の拠りどころは聖書であるとの立場から教皇，教会を批判した．またそのために自国語で聖書を読めるようウルガタ聖書を英語に翻訳したが，のちに彼の主張はコンスタンツ公会議（1414 年）で異端とされた．またフス（Jan Hus, 1370 頃-1415）はプラハ大学教授で，オックスフォード大学とプラハ大学の交流を通じてウィクリフの改革思想に親しみ共鳴し，その著作を翻訳した．また彼は 1402 年からプラハのベツレヘム礼拝堂の説教者としてチェコ語で改革を説き，信仰の基礎は聖書であり，教会の主は教皇ではなくキリストであると主張したが，コンスタンツ公会議で焚刑が決められた．彼の死後 1419 年から 1436 年にかけて，フス運動と呼ばれる宗教改革的，社会改革的運動が起こった．

　2）　改革のスローガンと改革を支えた人文主義者たち

　宗教改革のスローガンとして「信仰のみ」「聖書のみ」「万人祭司」の三つが挙げられる．まず信仰のみとは，神の救いは神の恵みを信じることによってのみ与えられるとするもので，カトリック教会は善行を積むことも重要であるとしていた．つぎに聖書のみとは，聖書のみが唯一の権威であるとするもので，カトリック教会は教会の伝統，教義にも聖書と同じ権威を与えていた．したがって改革により，聖書に根拠がないマリア崇拝，秘跡（ただし洗礼と聖餐だけは認める），煉獄は否定された．最後に万人祭司とは，すべての信徒は神の前に平等であるとして聖職者と平信徒との区別をなくそうとするもので，カトリックの位階制度を否定するものである．

　また人文主義者たちの活躍は宗教改革を鼓舞した．すなわち宗教改革者は人文主義者たちにあるときは支えられ，またあるときは人文主義者たちとの討論を通じてみずからの思想形成を促進させた．人文主義者であるエラスムス（Desiderius Erasmus, 1466-1536）は 1516 年「校訂ギリシア語新約聖書」（ラテン語訳を添付）を出版，カトリック成立以前のキリスト教の原点への帰還を推奨し，キリスト教会の人的伝統を批判した．またメランヒトン（Philipp Melanchthon, 1497-1560）は 1530 年に「アウクスブルク信仰告白」を起草しルターの

活動を援けた．そこで私たちは改革を遂行したルター，ツヴィングリ，カルヴァンといった人たちの思想や行動を見ていくことにしよう．

　　3）　ルター

　エアフルト大学で学び法律家になることを期待されたルター（Martin Luther, 1483-1546）は，雷雨での恐怖体験もあってアウグスティヌス修道会に入り修道士をめざすこととなった．そののち彼は司祭に叙任され，さらにヴィッテンベルク大学で講義を担当するようになるが，このような教会や大学との結びつきは当時の修道士，修道院のあり方の一面を示している．ルターはとりわけ義認の問題，神の義を深く追求した．すなわち神の義を，罪人を罰する義という初期の考えから，罪人に神の恩恵によって与えられる義と解釈する変化（この変化はいわゆる「塔の体験」に基づくとされる）を受けて，1517年，免罪符（死後，煉獄での刑罰の赦しとなる）にたいする疑問などを含む95カ条の提題をおこなった．このようなルターの思想の核心には「信仰義認論」があり，この点でパウロやアウグスティヌスにつながる．ルターによると救いや神の義は信仰によってのみ，恵みによってのみ与えられるのである．この思想の根底には，人間は「罪人にして義人」であるというルターの基本的な考えが認められる．自由意志を否定するこの思想はさきほど挙げたエラスムスと対立するが，ルターはエラスムスの『自由意志論』（1524年）にたいして翌年『奴隷意志論』を書き，人間の自由意志を否定して恩寵の必然性，信仰のみを強調した．「ルターの世界はいつも，神の力とともに悪魔の力が働く世界であった．〔…〕こういう状況で人間の意志が神に対して自由であることは，それが悪魔にとらえられる可能性をもつということである」（『ルネサンスの思想家たち』122/123頁）とする野田又夫の考えはこのあたりの事情を的確に説明している．またルターがおこなった聖書のドイツ語訳にはウィクリフと同じ意図が窺われる．しかしながらルターには農民戦争（1524-1525）にたいして農民の側を非難したという側面があり，このことはルターにおける非近代性を示すものである．

　　4）　ツヴィングリ

　ツヴィングリ（Huldrych Zwingli, 1484-1531）はスイスのチューリッヒで活躍した宗教改革者で，もともと人文主義者であった．改革派プロテスタンティズムの祖とされる．エラスムスの影響もあり聖書のみに拠る福音主義の立場に立つ

が，ルターの信仰義認にたいしてツヴィングリ思想の中心には神の予定，神の主権がある．このツヴィングリの思想は，当時のチューリッヒにおける疫病蔓延の状況も関係しており，死と隣り合った状況も含めて神の主権を全面的に受け入れようとしたのである．また聖餐理解に関しては，聖餐のなかにキリストの実在を主張するルターにたいし，ツヴィングリは聖餐におけるパンとブドウ酒をキリストの体と血の象徴と理解する．このような両者の相違にたいし1529 年，マールブルク会談で両者の調停が試みられたが，聖餐論争については折り合えなかった．

5） カルヴァン

ジュネーヴの宗教改革者として知られるカルヴァン（Jean Calvin, 1509-1564）は，法律研究から出発した人文主義者で，やがて宗教改革の思想に没入していった．1536 年に初版が出た『キリスト教綱要』は改革思想を基にした体系的神学書で，カルヴァン自身が最初にラテン語で書いたもののフランス語訳が1541 年に出版され，そののち何度も書き改められ増補された．カルヴァンもツヴィングリと同様に神の絶対的権威を強調し，神はアダムの堕罪をも予定していたとする二重予定説を主張した．神の権威への服従は，勤勉，誠実といった徳目につながり，近代資本主義を促進する礎となった．聖餐理解に関しては，ルターとツヴィングリのあいだを調停するかのように，聖餐式におけるキリストの実在は認めつつもパンとブドウ酒をキリストの体と血そのものと見なすことはなかった．

6） 対抗宗教改革

このような宗教改革の動きにたいしてカトリック側ではトレント宗教会議（1545-1563）が開かれ，聖書のみという主張にたいして，聖書と教会の伝統とは同じ価値をもち，教会が唯一の聖書解釈者であると確認された．またそれに先立ち1534 年，反宗教改革，失地回復，異教地布教を目的として，イグナチウス・ロヨラと七人の同志によってイエズス会が創立され，服従，貧困，独身がスローガンとされた．イエズス会では厳格な軍隊的統制と学問の全分野にわたる研究，教育活動が奨励された．イエズス会士でロヨラの友人フランシスコ・ザヴィエルが1549 年に日本にキリスト教を伝えたことは周知の事柄である．

5-2 近世以降の歩み

1) 敬虔主義

　ルター派の教会はドイツで領邦教会として安定すると同時に，正統主義として形骸化し内的生命を喪失していった．このような状況にたいして，内面的な宗教的体験の重視，道徳的「完全」を目指す運動が 17 世紀後半に起こった．敬虔主義と呼ばれるこの流れは，宗教改革思想の熟成を物語るものである．敬虔主義においては信仰における個人の内面が重視され，きびしい「試練」をくぐり抜けて新しい人間への「再生」，その完成がめざされた．さらに個人の敬虔な生活の実践や社会的な実践もまた重視された．敬虔主義者たちにとって神の愛と再生を語るアルント（Johann Arndt, 1555-1621）は，彼らの思想の依って立つところとなった．

　敬虔主義運動はシュペーナー（Philip Jakob Spener, 1635-1705）をもって嚆矢とする．シュペーナーはフランクフルトの自宅で敬虔主義の集会を創設した．彼の主著『敬虔なる願望』（1675 年）は敬虔主義の綱領文書というべきもので，もとはアルントの『説教集』に付された序文であり，そこではルター派教会の改革案が示されている．彼はのちにベルリンに移り，1694 年に完成したハレ大学を敬虔主義の中心地となるよう尽力した．シュペーナーの後を継いだフランケ（August Hermann Franke, 1663-1727）は 1691 年にハレ大学に招聘され教育者として活躍する一方，ハレに孤児院（孤児学院）を創設し社会的な活動も実践した．フランケの敬虔主義には厳格な規律や労働倫理を重んじる特色が見られる．さらにツィンツェンドルフ伯爵（Nikolaus Zinzendorf, 1700-1760）はモラヴィア兄弟団に自分の所領の一部を与えてヘルンフート兄弟団を設立し，「近代神学の父」と呼ばれるシュライアーマッハー（Fr. D. E. Schleiermacher, 1768-1834）の登場を準備した．

2) シュライアーマッハー

　シュライアーマッハーは父の影響もあってヘルンフート兄弟団の神学校で敬虔主義の教育を受け，やがてハレ大学でカント哲学およびギリシア古典を中心に学んだ．一時ヘルンフート的敬虔に反発することもあったが，啓蒙合理主義的神学を受け入れ「高次のヘルンフート派」の自覚をもつようになった．1799 年に刊行された『宗教論——宗教を軽んずる教養人への講話』では宗教の本質

を「直観と感情」と規定し，人間のなかに「無限なるもの」を見ようとすることだとする．また 1804 年からプラトンの翻訳刊行を開始したのに続き，1821/22 年には主著というべき『信仰論』（『福音主義教会の原則に基づいて組織的に叙述されたキリスト教信仰』）を刊行した（第二版は 1830/31 年）．このなかでシュライアーマッハーは「すべての教会的共同体の基礎をなしている敬虔（宗教心）とは〔…〕感情あるいは直接的自己意識の一つの規定性である」（§3）とし，敬虔（宗教心）の本質を「みずからを絶対に依存するものとして，神との関係において意識していること」（§4）と考える．このようにシュライアーマッハーはキリスト教の基盤を神にたいする絶対的な依存の感情に置いたが，総じて理性に基づく画期的な宗教理解は，1810 年にフンボルト（W. v. Humboldt, 1767-1835）によって設立されたベルリン大学の神学部長就任といった事柄とともに，次世代の神学研究を導いていくこととなった．

3） 自由主義神学

19 世紀前半，とりわけヘーゲルの歴史哲学が契機となってキリスト教を歴史的に振り返る動きが活発化した．バウア（F. Ch. Baur, 1792-1860）はヘーゲルの弁証法的歴史哲学を用いて原始キリスト教の成立を説明し，バウアを師とするシュトラウス（D. F. Straus, 1808-1874）は『イエス伝──批判的に検討された』（1835/36）において，福音書を歴史的・批判的に扱う場合，神話的要素を削除すべきであると主張した．またリッチュル（A. B. Ritschl, 1822-1889）を中心とするいわゆる「リッチュル学派」は 19 世紀後半の一時期にドイツの神学の主流をなした．リッチュル神学は体系的研究と歴史的研究との結合を特徴とするが，主観主義的傾向は否定しがたく，やがてより歴史的研究を重視する宗教史学派によって批判されるようになった．宗教史学派の組織神学者トレルチ（E. Troeltsch, 1865-1923）は近代自由主義神学と 20 世紀神学との境界に立つ神学者と位置づけられる．

4） 20 世紀以降

19 世紀後半の歴史主義的神学にたいして，神学の中心に神の「言（ロゴス）」への聴従，イエス゠キリストの啓示を据えるバルト（K. Barth, 1886-1968）の「弁証法神学」は 20 世紀前半の神学を特徴づけるものである．バルトはイエス゠キリストの特殊啓示と並んで神との「結合点」を主張するブルンナー（E.

Brunner, 1889-1966) にたいしても，イエス＝キリストの仲保なしには神と人間とのあいだにいかなる結合点の可能性もないと主張する．このようなバルトの主張は近代自由主義神学と全面的に対立するものである．

　1945年に第二次世界大戦が終結した．戦後の神学として「非神話化」を主張したブルトマン（R. Bultmann, 1885-1976），神の国へ向かう「希望の神学」を説くモルトマン（J. Moltmann, 1926-），歴史の意味を問う組織神学者パネンベルク（W. Pannenberg, 1928-2014）などの名を挙げることができる．また宗教の多元性を認めそこから出発しようとするヒック（J. Hick, 1922-2012）の「宗教多元主義」はキリスト教神学にとっても新たな局面を開くものかもしれない．

終わりに
——キリスト教とは

　以上私たちはキリスト教の歴史を少し詳しく見てきた．何といってもキリスト教は世界で最多の信者をもつ宗教であり，宗教をめぐる学問的議論の中心に位置するものだからである．キリスト教における父・子・聖霊という三位一体の神は，ユダヤ教の神を引き継ぐものでありながら，同一の神とも言い難いところがある．〈秘蔵されたもの〉が三位一体の神として姿を顕しつつ，父なる神は秘蔵されたままに留まりながらもイエス＝キリストを通して歴史的世界に介入し，聖霊によって人々と関わり続ける．キリスト教はユダヤ教を母胎としつつ，その内実がギリシア思想であることは，キリスト教の聖典（『新約聖書』）が，そしてユダヤ教の聖典までもが訳されてギリシア語で書かれていることからも知られる．おそらく敬虔なキリスト教徒の数は減り続けているであろうが，欧米文化の核となるキリスト教の重要性は宗教の本質を追究する上で減少することはないであろう．

参 考 文 献

青野太潮『パウロ——十字架の使徒』，岩波書店〔岩波新書〕，2016年

青野太潮訳『パウロ書簡』〈新約聖書/新約聖書翻訳委員会訳IV〉，岩波書店，1996年

朝倉文市『修道院——禁欲と観想の中世』，講談社〔講談社現代新書〕，1995年

浅野和生『イスタンブールの大聖堂』，中央公論新社〔中公新書〕，2003 年

大貫隆・名取四郎・宮本久雄・百瀬文晃編『岩波キリスト教辞典』，岩波書店，2002 年

小田垣雅也『キリスト教の歴史』，講談社〔講談社学術文庫〕，1995 年

落合仁司『ギリシャ正教　無限の神』，講談社〔講談社選書メチエ〕，2001 年

久米博『キリスト教──その思想と歴史』，新曜社，1993 年

今野國雄『修道院──祈り・禁欲・労働の源流』，岩波書店〔岩波新書〕，1981 年

佐藤研訳『マルコによる福音書　マタイによる福音書』〈新約聖書/新約聖書翻訳委員会訳
　　　Ⅰ〉，岩波書店，1995 年

佐藤研・荒井献訳『ルカ文書──ルカによる福音書・使徒行伝』〈新約聖書/新約聖書翻訳
　　　委員会訳Ⅱ〉，1995 年，岩波書店

シュミット，M.，小林謙一訳『ドイツ敬虔主義』，教文館，1992 年

上智大学中世思想研究所・宮本久雄編訳・監修『中世思想原典集成 2，盛期ギリシア教
　　　父』，平凡社，1992 年

上智大学中世思想研究所・大森正樹編集・監修『中世思想原典集成 3，後期ギリシア教
　　　父・ビザンティン思想』，平凡社，1994 年

高橋保行『ギリシャ正教』，講談社〔講談社学術文庫〕，1980 年

ダニエルー，ジャン，上智大学中世思想研究所編訳『キリスト教史 1　初代教会』，平凡
　　　社〔平凡社ライブラリー〕，1996 年

野田又夫『ルネサンスの思想家たち』，岩波書店〔岩波新書〕，1963 年

堀米庸三『正統と異端──ヨーロッパ精神の底流』，中央公論新社〔中公新書〕，1964 年

マクグラス，A. E.，高柳俊一訳『宗教改革の思想』，教文館，2000 年

水垣渉・小高毅編『キリスト論論争史』，日本キリスト教団出版局，2003 年

山田晶『アウグスティヌスの根本問題』，創文社，1977 年

リーゼンフーバー，クラウス，村井則夫訳『中世思想史』，平凡社〔平凡社ライブラリー〕，
　　　2003 年

第4章　イスラーム（イスラム教）

　イスラームは7世紀前半にアラビア半島西岸地域で成立した一神教で，預言者ムハンマドによって開始された創唱宗教である．現在の信徒数はおよそ16億人ともいわれ，世界の人口のおよそ五分の一がイスラム教徒ということになる．「イスラーム」とは「唯一なる神への絶対的帰依」を意味し，そのような帰依を制度化した宗教としてのイスラム教をも意味している．イスラームの信仰の内容は，「神は唯一にして，ムハンマドは神の使徒である」という信仰告白において明確に表明されている．この，唯一なる神（アッラー）にたいする人間の関わりは，ムハンマドを通して人間に伝えられた神の啓示「コーラン」によって規定されている．イスラームの信仰において「コーラン」にまとめられた神の言葉が絶対的な意味をもち，あらゆる偶像崇拝が禁じられる．偶像崇拝の禁止とは，言語的形象のみを認めるということで，イスラームは言葉のみによって成り立つ宗教であるということができる．この意味でイスラームは，「宗教と言語」の問題を考えるさいに最適の宗教であるといえる．

　なおイスラームに特有の心情は，「インシャーアッラー」という表現からも読み取ることができる．この表現は，「もし神が望まれたならば」という意味で，未来のことに関してしばしばこの表現が添えられる．つまりこの表現によって，「未来のことについては人間には分からない．神のみがすべてを定めている」という人間の謙虚さが言い表わされている．神にたいする絶対の信頼，人間の傲慢を戒める気持ち，これがイスラームの根底にある心情である．

1　イスラームの歩み

1-1　ジャーヒリーヤ

　イスラームにおいて，イスラーム誕生以前を「ジャーヒリーヤ」（無知の時代・無道時代）と呼ぶ．この時代のアラブ人は現実主義的で来世などとは無縁で

あり，また部族社会を形成しており，報復法，相互扶助という原理によって社会が維持されていた．この部族社会は5世紀から6世紀にかけて大きく変化する．この頃とくにメッカでは商業の発達により個人主義化が進み，倫理観の喪失が顕著になった．このような風潮に呼応するかのように，「ハニーフ」と呼ばれる禁欲的な人々が出現した（このことは，仏教史においてブッダの時代に登場した沙門と呼ばれる出家修行者を思い起こさせる）．ムハンマドも一人のハニーフであったと考えられる．またこのころ，キリスト教やユダヤ教がアラビア半島に広まっていたという状況も注意されてよい．

1-2　預言者ムハンマド

　預言者ムハンマドは570年頃，メッカを支配していたクライシュ族の名門ハーシム家に属する商人アブドゥラー（母アーミナ）の子として生まれた（なおムハンマドが生きた時代は日本の飛鳥時代にあたり，聖徳太子（574-622）が活躍した時期とほぼ重なる．また中国では589年に隋が，618年には唐が興った）．ムハンマド誕生以前に父は死亡しており，6歳のとき母も亡くなった．しかし部族内での相互扶助によってムハンマドは保護され，はじめ祖父アブドゥル・ムッタリブによって，そして祖父の死後は伯父のアブー・ターリブに引き取られ，伯父とともに隊商に加わり商人となった．25歳のとき裕福な未亡人ハディージャと結婚したが，その頃からメッカ近郊の洞窟にしばしば籠って瞑想にふけるようになった．この瞑想が15年ほど続いた610年のある夜，ムハンマドはヒラーの洞窟で異様な体験をする．彼は超自然的な力に捉えられて無理やり誦むようにと迫られる．この体験について，コーランにはつぎのように記されている（『コーラン』からの引用は井筒俊彦訳を用いた．訳文に付されたルビは最小限に止め，訳者によって文中に挿入された注は省略した）．

　　誦め，「創造主なる主の御名において．
　　いとも小さい凝血から人間をば創りなし給う．」
　　誦め，「汝の主はこよなく有難いお方．
　　筆もつすべを教え給う．
　　人間に未知なることを教え給う」と．（96・1-5）

　ムハンマドは何が起こったのか分からず，恐怖のあまり頭から布を被り，妻のハディージャの膝にすがったといわれる．さらに第二の啓示が下される．

　　これ，外衣にすっぽりくるまったそこな者，さ，起きて警告せい．己が主はこれを讃えまつれ．己が衣はこれを浄めよ．穢れはこれを避けよ．
　　褒美ほしさに親切するな．
　　（辛いことでも）主の御為めに堪え忍べ．（74・1−7）

のちにムハンマドはこれらの体験を，天使ジブリール（ガブリエル）によって伝えられたアッラーの啓示であると理解した．ムハンマドは徐々に神の使徒としての自覚をもつに至り，メッカの人々に神の啓示を語り伝え始めた．はじめに妻のハディージャが，続いてクライシュ族の豪商アブー・バクルが，やがてウマルが入信した．神の使徒としてのムハンマドの活動は，最初のうちメッカの人々からあまり注目もされず，また反感も抱かれなかった．しかしムハンマドの神観念は，徐々にセム的一神教のものに，すなわち唯一神教的，排他的なものとなり，メッカの人々，とりわけクライシュ族の商人たちの反感をかうようになった．

1−3　ウンマの成立

　ムハンマドの言葉はメッカでは受け入れられなかった．さらに619年に，彼を支え続けた妻のハディージャ，伯父のアブー・ターリブが相次いで死亡し，強力な庇護を失って身の危険を感じたムハンマドはついに622年，布教の拠点をメディナに移した．メディナはメッカの北およそ350キロにある都市で，多くのユダヤ教徒が住んでいた．メディナ市民にとってムハンマドの説く人格的唯一神は受け入れ可能なものであったようだ．このメディナへの移動はヒジュラ（聖遷）と呼ばれる．このときメディナにおいてイスラーム共同体（ウンマ）が成立し，ここでアラビアのジャーヒリーヤが終焉してイスラーム時代に入ることになる．またこの年を起点としてイスラーム暦（ヒジュラ暦）が定められた．メディナにおけるウンマの成立後，ムハンマドによる大征服が開始された．イスラームの展開はこのウンマの拡大として捉えることができる．630年，ムハンマドはメッカに無血入城し，カーバ神殿の偶像がすべて破壊された．632年，

ムハンマドは死去する.

1-4 正統カリフ時代

　ムハンマドの死後，彼が兼ねていた宗教的な預言者と教団指導者とのうち共同体の政治的指導者の役割だけをカリフが継ぐこととなった（正統カリフ時代，632-661）．初代カリフはアブー・バクル（632-634）である（ちなみにアブー・バクルの娘アーイシャは，ハディージャ亡きあとムハンマドの最愛の妻で，ムハンマドはアーイシャのもとで亡くなった）．彼は約2年にすぎない短い治世のあいだに，相次ぐリッダ（反乱）の鎮圧に追われながらも，アラビア半島をイスラームのもとに再統一した．第2代カリフはウマル（634-644）である．この時代，アラブ・ムスリム軍は半島を出て破竹の勢いで東西に大征服を開始した．彼の軍はビザンティン軍，ペルシア軍を打ち破った．彼の時代，軍務や徴税などの官庁がつくられてイスラーム国家としての制度的基礎が確立した．またウマルはヒジュラ暦を制定したが，やがてキリスト教徒によって暗殺された．第3代カリフはウスマーン（644-656）である．彼はウマイア家の出身で，ムハンマドの次女ルカイヤと結婚していた．彼は651年にササン朝ペルシア帝国を滅ぼした．彼は教友ザイドに命じてコーランをまとめさせ，正典が成立したが，エジプトから来た反乱兵士により暗殺された．第4代カリフはアリー（656-661）である．アリーはムハンマドの保護者であった伯父のアブー・ターリブの子，つまり従兄弟で，ムハンマドにもっとも近い人物としてムハンマド逝去のときからカリフ就任を嘱望されていた．またアリーはムハンマドの末娘ファーティマの夫でもあった．ところがアリーのカリフ就任は首都メディナの長老たちの承認をえたものの，シリア総督ムアーウィヤ（ウマイア家，ウスマーンによって任命されていた）は態度を保留した．アリーはムアーウィヤ討伐のため，クーファへの遷都を強いられ，そのため彼の時代にメディナの首都としての役割が終わった．彼の時代も安泰ではなく，アリーは661年に暗殺された．

1-5 ウマイア朝

　ウマイア朝（661-750）はウマイア家の統領でシリア総督ムアーウィヤによって成立し，ダマスカスに都が置かれた．ウマイア朝における第二波の大征服で

イスラーム共同体は大きく版図を拡大したが，イベリア半島から北上したイスラム軍はトゥール・ポワティエ間の戦い（732年）で，カロリング家のカール・マルテルが率いる軍に敗れ，西ヨーロッパの征服はならなかった．アラブ・アリストクラシー（貴族政治）の時代といわれる．この時代に本来一つであるべきウンマに分派活動が生じ，4人の正統カリフを承認する後のスンナ派にたいし，預言者の従兄弟で女婿でもある4代目カリフ，アリーが預言者の後継者であるべきだと主張する一派，すなわち後のシーア派が起こった．

1-6　アッバース朝

アッバース朝（750-1258）の初期に首都バグダードを中心にしてイスラームは経済的・文化的に繁栄の絶頂期を迎えた．この頃，コーランとムハンマドの慣行を基に，シャリーアと呼ばれるイスラーム法が確立しており，聖法の代弁者ウラマーと政治権力者カリフとの協調的関係が築かれた．また第7代カリフのマームーン（位：813-833）はバグダードに「知恵の館」という学問研究施設を設け，そこではアリストテレスをはじめギリシア諸文献のアラビア語への翻訳が組織的かつ大規模におこなわれた．しかし繁栄を続けたイスラム共同体もアッバース朝の成立後100年を過ぎると衰退しはじめ，1258年モンゴルによってアッバース朝は滅亡し，イスラームの古典時代は終焉した．

1-7　その後

その後のイスラームの展開としては，トルコのオスマン朝（1299-1922），インドのムガール朝（1526-1858），そしてイランのサファヴィー朝（1501-1736）が特筆すべきものである．近代に至ると，イスラーム世界はヨーロッパ諸国の植民地や半植民地となっていく．イスラーム諸国の独立は第二次世界大戦後のことである．

2　聖典コーラン

コーラン（アル・クルアーン）とは，「読誦すべきもの」の意味で，声に出しての朗誦を原則とする．『コーラン』はアラビア語で書かれたイスラームの根本

聖典で，ムハンマドに下された啓示を，預言者の死後，記憶していた人たち（教友）によってまとめられたものである．第3代正統カリフ，ウスマーンのときに「正典」としての形を整えたと考えられる．イスラームにおいては，神と人を結ぶのは，神の語り（コーラン）であって，ムハンマドといえども人が特別な権威をもつことはない，というのが原則である．

2-1　啓示

「啓示」とは一般に，超越の次元が歴史的世界のうちにみずからを顕わす出来事と定義できるが，イスラームにおいて啓示（ワヒー）は，カラーム・アラー（神の言葉）と言い換えられる．井筒は啓示を，「神と人との本来的隔絶の深淵を越えて，神が人間に直接語りかけて来ることであり，神から人間への言語的コミュニケーションである」（『イスラーム生誕』217頁）と述べる．イスラームにおいて神は，みずからを「語り」として，しかも預言者ムハンマドを通した語りかけとして歴史的世界のうちに顕わした．すなわち神の語りは，預言者ムハンマドを通して，人間の言語であるアラビア語による語りかけとして言語化され，その語りが『コーラン』にまとめられたのである．

このように神は語りかけとして，歴史的世界のうちにみずからを顕わしたが，神みずからは人間の言葉を話したわけではないであろう．超越者である神の言 はどこまでも人間には理解不可能なものであり，その意味で「暗号」という性格をもつ．しかしムハンマドを通して神の語りかけを聴く人々にとっては，神の語りはアラビア語という人間の言語によるものであって理解可能なものである．この神の言 と人間の言語との関わりは，「宗教と言語」の問題として，宗教哲学のもっとも核心の問題である．

2-2　メッカ時代の啓示とメディナ時代の啓示

同じ啓示ではあっても，メッカ期のものとメディナ期のものとでは大きく異なっている．井筒によるとメッカ期の啓示には，「現世が厭うべきものであるという痛切な感覚が，ほとんどニヒリズムすれすれのところで働いて」おり，「苦と悪に充ちた現世を一刻も早く棄て遁れて，来世のことに専念せよ」という方向が出されている．それとともに「存在悪と存在苦の意識」と切り離せな

い罪深さの意識から湧いてくる，神にたいする「怖れ」が信仰の中核となっていた．それにたいしてメディナ期の啓示は，同様に「来世，彼岸の形象を心に抱きつつ，それの要請するところに従って現世の現実を鋭く批判しながら」も，その現実を「一歩でも理想に近い形に作りなおしていこうという現世肯定的態度」を取らせるものとなるのであり，この態度こそが正統的なイスラームのものなのである（「イスラームの二つの顔」参照）．

2-3　「開扉の章」

『コーラン』は「開扉の章」でもって始まっており，この短い章は1日5回の礼拝の度に繰り返して朗誦される，非常に重要なものである（以下「開扉の章」の理解は，井筒俊彦『コーランを読む』に基づく）．「開扉の章」とは，

> 　慈悲ふかく慈愛あまねきアッラーの御名において……
> 　一　讃えあれ，アッラー，万世（よろずよ）の主，
> 　二　慈悲ふかく慈愛あまねき御神，
> 　三　審（さば）きの日の主宰者．
> 　四　汝をこそ我らはあがめまつる，汝にこそ救いを求めまつる．
> 　五　願わくば我らを導いて正しき道を辿らしめ給え，
> 　六　汝の御怒りを蒙る人々や，踏みまよう人々の道ではなく，
> 　七　汝の嘉（よみ）し給う人々の道を歩ましめ給え．

というものである．この七節からなる短い章は，「アッラーの御名において（ビスミッラー）」という厳粛な雰囲気で始まる．そしてこのアッラーは，「慈悲ふかく慈愛あまねき」神であるとされる．慈悲，慈愛には，創造のようにすべてのものに与えられるものや，ある行為にたいして与えられるものもあるが，いずれにしてもアッラーは気がやさしく情深い者であり，このような慈悲深い神にたいして「讃えあれ，アッラー，万世の主」といわれるのである．ここで「讃えあれ，アッラー」と訳される「アル・ハムドゥ・リッラー」は，逐語的には「称讃というものは神のものだ」という意味であり，日本語の「おかげさまで」にあたる，日常会話でよく使われるフレーズである．そしてここで讃えられる者としてのアッラーは「万世の主」，すなわち全世界の主（ラッビ・ル・

アーラミーン），世界の全体を創造し自由に操る者である．このような絶対者としての神にこそ称讃は属するというのであるが，この神は，第二節で繰り返されているように慈悲深く慈愛あまねき者であると同時に，第三節で描かれているように厳しい審きをおこなう者でもある．「審きの日の主宰者」，ここで「審き」とは最後の審判のことで，アッラーはこの日に情け容赦なく罪人を地獄へ突き落とす．そしてこの厳しい終末論こそがセム的一神教を支える根本観念である．

　アッラーは慈悲深い者であると同時に厳しい審判者でもある．このような神，「汝をこそ我らはあがめまつる，汝にこそ救いを求めまつる」とされる．ところでこの「あがめまつる」と訳された動詞 “`budu” は，名詞 “`abd”（奴隷）と同語根である．つまり “`budu” は「あがめまつる」ことではあるが，もっと正確には「奴隷として仕える」という意味であって，人間が神，主（ラッブ）にたいして奴隷（アブド）として仕える――これこそが「イスラーム」の核心となる心情なのである．さらにこの神にたいして，「願わくば我らを導いて正しき道を辿らしめ給え」といわれる．「正しき道」（アッ・シラータ・アル・ムスターキーム），これは一直線の道ということであり，神へとまっすぐに通じる道である．この道について，第六・第七節で「汝の御怒りを蒙る人々や，踏みまよう人々の道ではなく，汝の嘉し給う人々の道」と規定されているように，たとえ人々は神へとまっすぐに進んだつもりであっても，神は必ずしも人々を嘉し給うとは限らず，人々は神の御怒りを蒙ったり道を踏みまようことがあるかもしれず，「奴隷として仕える」者たちとしては，ただ神が嘉し給うことを願うしか術がないのである．

　以上のように，この短い一章のなかに，神にたいする絶対帰依というイスラームの内実が遺漏なく盛り込まれているということができよう．イスラームとは，慈悲深いと同時に情け容赦のない審判者にまるで奴隷のごとく仕える唯一神教なのである．そしてそもそもセム系の一神教とは，このような絶対者としての神に己を虚しくしてひざまずくものであるということができるであろう．このようにムスリム（イスラム教徒）は，1日に何度もこのフレーズを朗誦することを通じて，神へと通じる「正しき道」を歩むことをめざすのである．

　2-4　『コーラン』の独特な性格

　『コーラン』には，宗教書として神や信仰に関する事柄から結婚や商取引といった世俗生活に関する事まで，多岐にわたる内容が記されている．牧野信也は，『コーラン』の全体を見渡したとき，その中に一貫して鳴り響いているメインテーマとして，①唯一なる神，②万有を創造する神，③終末を惹き起こす神，④最後の審判，⑤神への怖れ，⑥神への感謝，⑦日々行なうべきこと，という七つを挙げている（牧野信也『イスラームとコーラン』82頁以下参照）．このメインテーマは，イスラームという宗教の性格を決定しているということができる．

3　信仰対象としての「六信」

　ムスリムの信仰対象である，神，天使，啓典，預言者，来世，予定の六つは「六信」と呼ばれ，スンニー派の基本的信仰箇条となっている．

　1）　神（アッラー）

　神（アッラー）は唯一であり，被造物からのあらゆる類推を超える超越神，絶対神である．しかし他方，神は人間のように感情をもつ人格神でもある．またこの神は善悪を厳しく判別する正義の神であるとともに，非常に慈悲深いお方でもある．いずれにしても神は絶対的な者，絶対的な自由をもつ者であり，人間は帰依するという仕方によってのみ神に関わることができ救済を期待できるのである．『コーラン』にはつぎのような記述がある．

　　　告げよ，「これぞ，アッラー，唯一（ゆいいつ）なる神，

　　　もろ人の依りまつるアッラーぞ．

　　　子もなく親もなく，

　　　ならぶ者なき御神ぞ．」（112・1-4）

　2）　天使

　天使は，神によって光から造られた存在者で，神と人間とを仲介する善なるものである．ムハンマドに最初の啓示を伝えたジブリール（ガブリエル），終末にラッパを吹くイスラーフィールをはじめ，審判に立ち会う天使，その記録を

する天使など，さまざまな天使が考えられている．

　3）　啓典

　啓典とは，神から啓示されたメッセージを集成した書物である．『コーラン』が最重要であることはいうまでもないが，『旧約聖書』，『新約聖書』なども啓典とされ，それに伴ってユダヤ教徒，キリスト教徒は「啓典の民」とされている．

　4）　預言者

　神の言を預かる人物．ユダヤ教やキリスト教の預言者も認めるが，イスラーム的解釈を施されている．例えばイエスは神の子ではなく預言者の一人とされている．ムハンマドは最後の預言者とされ，理想的な人間とみなされているが，神に匹敵する存在として神格化されることはない．

　5）　来世

　時は創造から終末に向かって一方向に進んでおり，人間はそのあいだの一時期，生を享ける．終末の日には，死んだ人間はすべて，墓から発きだされ，浮遊している魂は元の体と結びついて復活する．復活した人は一人ひとり神の前に引き出され，そこで厳正な審判を受けることになる（最後の審判）．このとき，現世における善行と悪行が正確に測定され，その結果，来世が天国か地獄かが決められることになる．「終末」について『コーラン』にはつぎのように記されている．

　　大空の裂け割れる時
　　星々の追い散らされる時，
　　四方の海，かたみにどうと注ぎ込む時，
　　すべての墓が発かれる時，
　　どの魂も己が所業（の結末）を知るであろうぞ，為たことも，為残したことも．(82・1-5)

　イスラームにおいては，来世こそが重要なのであって，それに比べれば現世ははかなく，「旅の宿り」でしかない．この考えはとりわけメッカ期の啓示に特徴的である．現世の意味は現世それ自体にあるのではなく，来世のための準備，すなわち宗教的にどう生きるかということにある．

6）予定

被造物である人間は，神によってその運命が定められている．しかしこの考えを徹底すると，人間の自由意志が否定されることになる．イスラームにおいてはおおむね，神による予定を前提しつつも，人間の自由意志は認められているが，この「神の予定と人間の自由意志」のテーマは人間の思弁を尽きることなく駆り立て，神学を形成する原動力となっている．

4　イスラム共同体（ウンマ）

イスラームは宗教共同体として存在する．ウンマは正式には「ウンマ・ムスリマ」で，文字どおりには「ムスリム的宗教共同体」ということである．ムスリムとは，「己れを神にひき渡し，一切を神の意志にうち任せた者の内的態度」を意味するので，「ウンマ・ムスリマ」とは，「己のすべてを神にゆだねた共同体」の意である（井筒俊彦『イスラーム生誕』165 頁）．またイスラームにおいては，宗教生活と日常生活とは不可分に結びついており，ウンマは宗教共同体であると同時に，生活共同体でもある．したがってウンマは，イスラーム的生き方，生活様式（神が示した行為規範）を受け入れた人々の共同体であるということもできる．『コーラン』にはつぎのように記されている．

　　人類はかつて一つの民族であったが，その後（人々が互いに争い始めたので）アッラーは予言者を次々に派遣して，或いは喜びの音信を，或は警告を与えしめ，さらに真理を告げる聖典を予言者たちとともに下して，人々の紛争を裁断しようとし給うた．しかるに，それを頂戴した人々が，明らかな御証をまのあたりに見ておきながら，かえって互いに害心を起こして対立し争い出した．だが信仰深い人々だけはアッラーが（信仰うすき）人々のさまざまに異論をとなえた真理へと，特別の思召を以って連れ戻し給うた．かくのごとくアッラーは御心のままに誰でもまっすぐな道に連れ戻し給う．
　　（2・209）

5　シャリーア（イスラム法）

シャリーアは「イスラム法」と呼ばれるが近代的な意味での法律ではなく，「道徳的義務論」とでもいったものである．シャリーアはもともと「水場に至る道」であるが，それは「永遠の救いに至る道」を意味することになる．

5-1　法源

スンナ派四大法学派が認める法源は次の四つである．法源としての重要度は原則として先に挙げられたものほど高いが，学派により考えの違いが見られる．

1）コーラン

「神の言葉」としての『コーラン』が当然，法源の第一である．

2）スンナ

預言者の範例．『コーラン』に見当たらない典拠は預言者の慣行に求められた．預言者の行動と言動によって規定された聖なる慣行がスンナである．預言者の言行についての伝承はハディースとしてまとめられている．

3）イジュマー

共同体全体の合意．『コーラン』，スンナ以外に合意を法源と認めるところにイスラームの，とりわけスンナ派の特色がある．もちろん共同体全体の合意とはあくまでも理念であり，実際は多数の法学者の意見の一致がイジュマーとされた．

4）キヤース

類推．『コーラン』やスンナに類似した判断があれば，そこからの推論も法源として認められた．

5-2　スンナ派四大法学派

スンナ派では，以下の四つの学派だけが認められている．

1）ハナフィー派

アブー・ハニーファ（699-767）を祖とする．彼はペルシア系の学者で，みずから考えて判断するという手法を重んじ，コーランについでキヤースを重視し，

ハディースは尊重しなかった．この「判断重視の派」は，のちにオスマン帝国の公認学派となった．現在，旧オスマン帝国領内や中国で支配的となっている．

2）　マーリキー派

マーリク・イブン・アナス（709頃-795）を祖とする．彼はメディナの裁判官でハディースを重視した．マーリクはハディース集『ムワッター』の編者であり，ハディースによって法学を基礎づけた．この「典拠重視の派」は，可能なかぎりみずからの判断を抑制した．また，キヤースによる論理的帰結が公益に反する場合はそれを適用しない，という原則を立てた．現在，北アフリカ諸国で支配的である．

3）　シャーフィイー派

シャーフィイー（767-820）を祖とする．シャーフィイーは古典法理論を完成させた人で，マーリクの弟子であったが，マーリキー派の典拠重視と，ハナフィー派の判断重視を統合し，論理的整合性を重視してイスラーム法学の理論を整えた．彼はコーラン，スンナ，イジュマー，キヤースという重要性の順序を確立し，イジュマーを定義して「広くある時代の学者全員の一致した意見」とした．現在，東南アジアで支配的である．

4）　ハンバル派

アフマド・イブン・ハンバル（780-855）を祖とする．イブン・ハンバルは，シャーフィイーの弟子であったが，あらゆる個人的思惟を排して『コーラン』とスンナに帰ろうとし，これ以外の権威を認めなかった．四法学派のうちでもっともスンナを重視する．この学派はサウジアラビアで採用されている．

5-3　イバーダート（儀礼的規範）——五行

イスラームの儀礼的規範は五行と呼ばれる．五行とは個々のムスリムにとっての義務的行為であり，イスラームはこの義務の具体的実践をもっとも重視する．さきに挙げた六つの信仰対象「六信」と合わせて「六信五行」がイスラームの柱となる．

1）　信仰告白（シャハーダ）

儀礼的規範の基礎となるものが，「アッラーをおいて神はなく（ラー・イラーハ・イッラッラー），ムハンマドはその使徒である（ムハンマド・ラスールッラー）」

という成句を唱える信仰告白である．信仰告白は礼拝をはじめ，さまざまな機会になされるが，この言葉の朗唱こそがイスラーム信仰の根本である．

　２）　礼拝（サラート）

　ムスリムは１日に５回（暁，正午すぎ，午後，日没後，夜），メッカに向って礼拝する義務を負う．礼拝は水場での身体の浄めから始まり，一定の動作を伴ってなされる．この義務の毎日の遂行は一見，非常に困難なように思えるが，仕事に集中すべき午前には省かれていたり，また身体的動作は心身のリフレッシュにつながるなど，継続を容易にする工夫も多く見られる．

　３）　喜捨（ザカート）

　義務としての定めの喜捨は，富める者が私有財産の一部を貧者に施す義務である．貧富の差が生じるのは社会の構造に因るのであって，たまたま富める側に回った者も貧者も宗教的義務として施しをおこないそれを受ける，という考え方には社会的弱者にたいするやさしさが見て取れる．

　４）　断食（サウム）

　イスラーム暦第九，ラマダーン月の一ヵ月間，日の出から日没までのあいだ一切の飲食を断つ義務である．食べない，飲まないということには貧富による差がなく，神の前での平等を体験することになる．断食と聞くと日本では苦行のイメージがあるが，イスラームでは夜間の飲食は許されており，またこの間は休日になることが多いこともあって，むしろ人々はいつもよりも多く飲み食べ，普段できない交際を楽しむ．宗教義務としての断食にも楽しみの要素を加えることによって実行を容易にする，ここには人間は本来弱いものという基本認識が見て取れる．

　５）　巡礼（ハッジ）

　聖地メッカにおもむき，定められた手続きに従って儀式をおこなうこと．メッカにおける巡礼者は全員，イフラームと呼ばれる二枚の布のみを身につけ神の前での平等を体現しつつ，カーバ神殿およびその周辺にある聖所に巡礼する．生涯に少なくとも一度の聖地巡礼は義務ではあるが，身体的弱者，経済的弱者には強要されない．

5-4　ムアーマラート（法的規範）

『コーラン』には結婚や契約など日常生活に関するさまざまな規範が見られるが，それを基にして法学者たちによって生活全般に関する規定が整備された．しかし現在ではイスラーム国家においても西洋の法体系が導入されており，ムアーマラートは実際の法としてはほぼ機能していない．イスラームの法的規範に関して，いくつかの点に関して見ておこう．

1）　結婚・離婚

結婚とは合法的に子孫を残すための「契約」であり，そのさい離婚をする場合に支払う額の取り決めもなされる．夫の扶養義務，妻の家事や育児の義務も定められている．また一夫多妻が認められてはいるが，男性には複数の妻を平等に扱う義務が課せられており，現実には一夫一婦が大多数であった．

2）　犯罪・刑罰

殺人の場合にはコーランに定められているように「同害報復」の原則（「目には目を，歯には歯を」）が適用される．窃盗や姦通などコーランやスンナに規定がある場合には，その規定が用いられる．その規定がない場合には裁判官の裁量に委ねられることもある．

5-5　ジハード（聖戦）

イスラームの法的規範は原則としてムスリムに適用されるものであるが，イスラーム国家以外からの攻撃にさいしてはコーランに，「汝らに戦いを挑む者があれば，アッラーの道において堂々とこれを迎え撃つがよい．だがこちらから不義をし掛けてはならぬぞ．アッラーは不義をなす者どもをお好きにならぬ」（2・186）と記されている．この迎撃は「ジハード」と呼ばれ，このゆえにイスラームは好戦的であるとよく耳にする．しかしジハードのもともとの意味は「神の道に奮闘努力すること」であり，それはみずからを宗教的に磨くこと，仏教の「修行」に当たると思われる．

6　神学（カラーム）

イスラーム神学とは，思弁的方法によってイスラームの信仰上の問題を解決

しようとする知的運動のことである．六信のうちの「予定」で触れたように，「神の絶対性（予定）」と「人間の自由意志」の問題をはじめとして，信仰に関わるさまざまなテーマが論じられ，学派が形成された．そのうち代表的なものがムータズィラ派とアシュアリー派である．

6-1　ムータズィラ派

　ムータズィラ派は，8世紀半ばから約二世紀にわたって栄え，とくにアッバース朝第7代カリフ，マームーンのときに公式神学となった．この派は合理主義的精神を特徴とし，理性を真理の基準として理性に絶対的な権威を置く．この派はみずからを「正義と（神の）唯一性の主唱者」と呼ぶ．まず「正義（アドル）」であるが，神はその本質において正義であり不正はないとする．人間は何が正義であり不正であるかを理性によって知りうるのであるから，人間のなす不正や悪は人間の自由意志に由来することになる．神はただ命令を下すだけであってそれに従うか否かは人間の自由意志に依るので，神の予定は排除されることになる．つぎに「神の唯一性（タウヒード）」に関しては，神と被造物との連続性を一切否定し，永遠性を神のみの本質とすることで神の絶対性・隔絶性を強調する．したがって『コーラン』に見て取れる神の人格性は比喩的に解釈され人格的属性は否定されることになる．ムータズィラ派は，アシュアリーが批判に転じてからは衰え，やがてシーア派のなかに吸収されていった．

6-2　アシュアリー派

　アシュアリー派はもともと，ムータズィラ派の大学者の高弟であったアシュアリー（873-935）によって始まった．アシュアリーはムータズィラ派的合理主義に反対し，ハンバル派のごとく伝統的にコーランとスンナに依ろうとする．すなわちムータズィラ派にたいして，例えば神の正義に関しては人間の善悪の行為は人間の自由意志ではなく神に依るが，神は人間の正義を超えた存在であるとし，また神の唯一性については神の人格性を認めつつ神と人間界との質的区別を強調する．アシュアリー派は，ムータズィラ派的合理主義と極端な伝統主義との中道をいくことにより，正統神学の地位を獲得していった．

6-3　イスラーム哲学（ファルサファ）

マームーンが翻訳所として「知恵の館」をバグダードに建設して以降, ヘレニズムの諸学問が本格的にイスラーム世界に導入された. イスラーム哲学はギリシア哲学を基にしている. ここでは西洋哲学と関係の深い二人の哲学者を紹介するに止める.

1）イブン・スィーナー（アヴィセンナ）

イブン・スィーナー（980-1037）はイラン人で諸学に通じそれらを体系づけた. 彼の医学書『医学典範』はヨーロッパにおいても長く権威をもった. 彼の学問体系の基盤はアリストテレスであるが, 彼の理解は新プラトン主義の影響を強く受けたものであった. 彼の哲学的関心の中心は「存在」であったが, とりわけ自己の存在に関して, たとえ「空中浮遊人間」といったものを仮定しても感性的経験なしに自己存在を確信できるとする彼の考えは, デカルトの先駆とも見なしうる. また彼の哲学的主著『治癒』によってギリシア哲学が本格的にイスラーム文化に導入されることとなったが, この書はラテン語に訳され, これを通じてヨーロッパ世界にアリストテレス哲学が逆輸入されることとなり, ヨーロッパの十二世紀ルネサンスに貢献することとなった. また彼の哲学思想の神秘主義的性格は, イスラーム神秘主義の展開にとっても大きな意味をもった.

2）イブン・ルシュド（アヴェロエス）

イブン・ルシュド（1126-1198）はアラブ人で南スペインのコルドバで活躍した. アリストテレスに深く傾倒しその注釈を多く残し, 13世紀ヨーロッパのスコラ学に大きな影響を与えた. とりわけ知性は死後個性を失い単一の普遍的知性になるとする「知性単一説」はスコラ学で大いに論じられた.

7　神秘主義（スーフィズム）

神秘主義を上田閑照は「神, 最高実在, あるいは宇宙の究極根拠などとして考えられる絶対者をその絶対性のままに自己の内面で直接に体験しようとする立場, そしてその体験によって自己が真実の自己になるとする立場をいう」（『宗教学事典』）と定義する. イスラームにおいて神秘主義はスーフィズムとよ

ばれ，絶対者の体験をめざした禁欲的修行の実践を意味する．自己の意識のうちへと深く沈潜するスーフィー（修行者）にとって，意識の諸層が前提となっている．

7-1　意識（ナフサ）の構造

イスラーム神秘主義にとって，表層意識から徐々に内面奥深くへ至る意識の諸層にたいする洞察が重要な意味をもつ．まずもっとも表層の意識は「ナフス・アンマーラ」と呼ばれ，心の感覚的機能の場所である．つぎの「ナフス・ラウワーマ」は批判的な，理性的機能の領域であり良心の場である．そしてそのつぎの「ナフス・ムトマインナ」の段階で，魂が本質的に変質する．すなわちナフス・ムトマインナは寂滅の心，つまり感性，理性の動揺がおさまり安らいだ境地であり，心（カルブ）と呼ばれる．さらに「ルーフ」の段階で，魂は完全に聖なる領域，神聖な領域，神的世界に入る．つまり照明体験の領域である．そして最終の「シッル」，魂の一番奥底は日常的意識にとってはまったく閉ざされた不可思議な世界である．このような意識の深層を開く方法，修行がズィクルと呼ばれる．

7-2　意識の深層開示──ズィクル

スーフィズムにおける修行方法はズィクルと呼ばれる．ズィクルはいわゆる唱名の行であり，信仰告白の成句前半の「アッラーをおいて神はなく」を唱えるとともに身体の動作を加えて遂行される．まず「ラー・イラーハ」（神はない）という否定的な句を繰り返し，意識表層のナフス・アンマーラから汚れた神の形象を一掃して心を浄化する．そののちに「イッラッラー」（アッラーをのぞいて）を繰り返し，純粋な汚れなき神のイメージを導入する．このような仕方でズィクルを通して魂の深層，神的次元が開かれ，やがて神と人との区別さえ取り除かれて神の自己顕現となるのである．

7-3　神秘主義哲学者

哲学が索める現実の真相は存在の深層までも含む現実の真の姿であり，その姿を顕かにするためには存在の深層に対応する魂の深層を開示することが求め

られる．このようにして魂の深層開示を追求するスーフィズムが哲学と結びつくこととなる．もともと神秘主義的実践と哲学思想とは別物であったが，12世紀後半から13世紀にかけて活躍した二人の哲学者によって両者が融合して「神秘哲学」（イルファーン）が生まれた．数多くの神秘思想家のうち，ここではその二人を紹介する．

　まずイラン人スフラワルディー（1155-1191）は「照明学の師」と呼ばれ，イブン・スィーナー以来の東方学の伝統に神智学の伝統を合流させ発展させた．彼の照明哲学はプラトン哲学やゾロアスター教の「光と闇」の思想を取り込んでいる．スーフィズムの修行の極みにおいて出会われる存在の根源を「光の光」と捉え，そこに闇が混じるという形で現象界の成立を説明する．スフラワルディーはこのような仕方でスーフィズムと哲学を結びつけた．主著に『照明学派の叡知の書』がある．またスペイン出身のアラブ人イブン・アラビー（1165-1240）は「最大の師」と呼ばれ，「存在一性論」という原理によって存在論的に世界を説明した．スーフィーの修行において顕現する究極的一者からの流出として経験的世界を捉えるが，両者のあいだに「矛盾を含む一性」の領域を設定し，このあらゆるものの母胎としての領域において完全な人間としてのムハンマドを把握している．このイブン・アラビーやスフラワルディーの哲学思想を原点として東方世界で神秘哲学が栄えた．

8　スンナ派とシーア派

1）スンナ（スンニー）派

　スンナ派は全信徒の約9割を占める多数派で，正式には「スンナと共同体の民」といわれ，預言者の慣行，範例であるスンナに従う人々を意味する．スンナ派では正統四カリフをはじめ預言者と同時代の「教友たち」（サハーバ）によって伝承された預言者の言行を，共同体全体のイジュマー（合意）を通して受け入れた．ムスリムの生活はシャリーアに基づくが，四つの法源のうちスンナ派ではとくにイジュマーが重要視される．また信徒は，公認された四つの学派のいずれかに属している．

　2）　シーア派

　シーア派では，ムハンマドの従兄弟で女婿のアリーおよびその後裔を預言者の後継者，ウンマの指導者（イマーム）であると認め，忠誠を誓う．シーア派によると，コーランの正しい解釈のためにはコーランの内的意味を読み取ることが必要であるが，イマームはコーランの解釈において独特の権威をもつ．イマームはアリー（初代イマーム）の子孫のなかから選ばれ，不可謬で，その時代におけるもっとも優れた人格とされカリスマをもつ．とりわけムハンマドの孫でありながら殉死した第3代イマーム，フサインにたいする思慕は熱烈で，フサインの殉死を追悼する行事「タァズィーエ」はシーア派にとってとくに重要な行事である．またイマームやイマームの子孫にちなんだ場所にたいする崇拝も盛んで，第8代イマーム，アリー・レザーの妹ファーティマの廟がある「聖地コム」は重視されている．シーア派の主流は12人のイマームを認める十二イマーム派で，イランの国教となっている．もちろん基本的な教義である「六信五行」はスンナ派と基本的に同じで，コーランおよびシャリーヤに基づいて神にたいする敬虔な気持ちをもって日常生活を送っていくことが基本である．

9　イスラームと他宗教との関わり

　イスラームは，その自己理解においてはムハンマドが神の語りを聴くことによって発生したものであるが，外部から見られるとき，ユダヤ教，キリスト教といった一神教を前提としてこれらの影響のもとに成立したのであり，成立後もその両者と関わり続けた．ここではそれらの関わりを象徴的に示す二つのモニュメントを紹介したい．

　まず取り上げたいのはトルコのイスタンブールにあるアヤソフィア大聖堂である．この建物はもとはビザンティン帝国のユスティニアヌス帝によって537年に完成した東方正教会の総本山であった（最初の建物は325年にコンスタンティヌス帝によって建設されたが火災により焼失した）．1453年オスマントルコのメフメット2世がここに入場し，イスラームのモスクに改修された．しかしこの改修は小規模なものに止まり，キリストの聖画像などは上から漆喰を塗られただけで残されている．これはイスラームがキリスト教徒を同じ「啓典の民」とし

て寛大に扱ったことを示している．しばらく博物館として使用されていたが，2020 年 7 月，ふたたびモスクに復帰した．もっとも現在も観光客は受け入れているようである．

　つぎにスペインのコルドバにあるメスキータを取り上げたい．この建物はもとは後ウマイア朝を開いたアブド・アッラフマーン 1 世によって 758 年に着工，3 年後に完成されたイスラームのモスクであった．1236 年，カスティリア王フェルナンド 3 世の再征服（レコンキスタ）によってキリスト教の大聖堂に転用され，さらに 1510-1607 年には中央にゴシック風の教会堂が設けられた．このキリスト教会への改変は徹底したものであった．

　もちろんこの二つの事例だけから，イスラームは寛容でキリスト教はそうでないと断ずることはできない．しかしながらイスラームは独善的で過激な宗教だというイメージにたいするアンチテーゼとすることはできるのではないだろうか．

終わりに
──宗教と言語

　イスラームにおいてはあらゆる偶像崇拝が禁じられ，言語的形象のみが認められる．イスラームは神の言葉のみが絶対的な意味をもつ，言葉のみによって成り立つ宗教であるということができる．イスラームにおいて啓示（ワヒー）は，神の言葉（カラーム・アラー）と言い換えられ，神はみずからを「語り」として，しかも預言者ムハンマドを通した語りとして歴史的世界のうちに現れた．すなわち神の語りは，預言者ムハンマドを通して，人間の言語（アラビア語）による語りかけとして言語化され，その語りが『コーラン』にまとめられたのである．

　このように神は，〈秘蔵されたもの〉は預言者ムハンマドを通した語りとして，歴史的世界のうちにみずからを顕わにした．しかしこのようにして顕わになった神の言葉『コーラン』は，一義的に理解されるものではなく，解釈の多様性を許す．もっとも神みずからは人間の言語を話したわけではないであろう．超越者である神の 言 はどこまでも人間には理解不可能なものであり，その意

味で「暗号」という性格をもち，秘蔵されたままに留まる．しかしムハンマド
を通して神の語りかけを聴く人々にとっては，神の語りは人間の言語によるも
ので，理解可能なものである．この神の 言^{ことば} と人間の言語との関わりは，「宗教
と言語」の問題として，宗教哲学のもっとも核心の問題である．

参考文献

井筒俊彦「イスラームの二つの顔」『中央公論』，1980 年 7 月

――――『コーランを読む』，岩波書店〔岩波セミナーブックス〕，1983 年

――――『意味の深みへ――東洋哲学の水位』，岩波書店，1985 年

――――『イスラーム生誕』，中央公論新社〔中公文庫〕，1990 年（初出：1975 年）

――――『超越のことば』，岩波書店，1991 年

――――『意味の構造』（『井筒俊彦著作集 4』），中央公論社，1992 年

井筒俊彦訳『コーラン』（三巻），岩波書店〔岩波文庫〕，1988 年

小口偉一・堀一郎監修『宗教学辞典』，東京大学出版会，1973 年

片倉もと子『イスラームの日常世界』，岩波書店〔岩波新書〕，1991 年

小杉泰『イスラームとは何か』，講談社〔講談社現代新書〕，1994 年

コルバン，アンリ，黒田壽郎・柏木英彦訳『イスラーム哲学史』，岩波書店，1974 年

中村廣治郎『イスラム教入門』，岩波書店〔岩波新書〕，1998 年

牧野信也『イスラームとコーラン』，講談社〔講談社学術文庫〕，1987 年

第5章　仏　教

　仏教は世界三大宗教の一つであるが，キリスト教やイスラームとは異なり，人格神としての超越的唯一神は登場しない．仏教はゴータマ・ブッダとともに始まった．ブッダはキリスト教のイエス，イスラームのムハンマドと同様に創唱者とされるが，神の子イエスや神の語りを聴き取ったムハンマドと異なり，「覚めた者」，覚者であり，人間の子として生まれみずからの修行を通じて世界と人間に関する究極の真理（法）を体得し，その真理を人々に伝えようとした人である．そして仏教が基本的にめざすのは，ブッダと同じくこの真理を体得しさとりの智をえること，覚めた者となることである．そのために仏教では身体的修行が要求されることになるが，ブッダのさとりの偉大さゆえに，ブッダに至る前段階である菩薩の修行は人の一生を以ても足りないと考えられることもあった．ブッダが体得した真理，法（dhamma, dharma）は究極の事柄，〈秘蔵されたもの〉に関するものであり，「ブッダの沈黙」という事態に表れているように，この真理は言語を超え言語化を拒むものである．ブッダもまた，真理の言語表現可能性という問題に直面したのであり，「方便」としての語りに解決の方途が見いだされたのである．ブッダの死後，その教説は直弟子たちおよびそれに続く仏道修行者たちによって言語化され文字化され，膨大な仏典が生み出されていくことになった．

　インド仏教が書き記されたサンスクリット語を中心とするインド語は，インド・ヨーロッパ語族に属し，ギリシア語との類似を有する．そのためこれらの言語によって表現されるインドとギリシアの哲学思想には共通するものがあるが，それは「智」の重視である．

1 ブッダの登場

1-1 仏教成立の頃のインドの宗教

『リグ・ヴェーダ』に始まるアーリア人の宗教によって神々にたいする祭儀が発達したが，そのさい，祭儀を執行するバラモンの権威が増大していく．この「バラモン教」とも呼ばれるヴェーダ祭儀宗教は，ブッダ誕生の頃にはインド社会に浸透していたが，同時に祭儀万能主義のなかでの堕落も見られた．またブッダが登場する時代，アーリア人はガンジス川中流地方に進出し，農業，商業，工業を発展させていた．都市には貨幣経済が栄えたが，物質的豊かさは道徳的頽廃を招くことともなった．

このような時代を背景に，バラモンとは異なりヴェーダの学習を経ないで直ちに出家修行をする「沙門」が出現した．彼らはヴェーダの権威を否定する自由思想家たちで，とくに有名な自由思想家たち6人を六師外道と呼ぶ．そのうちの一人，ニガンタ・ナータプッタ（マハーヴィーラ）はブッダよりおよそ20歳年少でジャイナ教の始祖である．ジャイナ教は仏教と同じ非正統バラモン思想で，輪廻からの解脱を説くが，仏教と異なり苦行を眼目としている．また仏教の無我説にたいし，要素実在説を説いた．

1-2 ゴータマ・ブッダの生涯

仏教はブッダすなわちゴータマ・シッダッタ（サンスクリット語ではガウタマ・シッダールタ）の教説をもとに展開した．ブッダの生没年は諸説あり，南伝によると北伝より約100年早くなるが，日本では北伝に基づいて中村元により算出された前463〜383年説が広く採用されている．ブッダは北伝によるとギリシアの知者ソクラテス（前470/469-399）と同時代人，南伝によると中国の孔子（前552/551-479）と同時代人ということになる．

1) 誕生

シッダッタはネパールとインドの国境付近にいた釈迦族のスッドーダナ王（浄飯王）の長子として生まれた．シッダッタの生国はカピラヴァッツであるが，彼が生まれたときにはすでにコーサラ国の属国になっていたようである．カピ

ラヴァッツの所在地は明らかではない．母は隣国コーリヤ族の首都デーヴァダハから嫁いだマーヤー夫人である．シッダッタの生誕地としてルンビニーが知られ，アショーカ王の石柱が現存している．マーヤー夫人は出産後7日で亡くなり，夫人の妹マハーパジャーパティー（ゴータミー）が養母となってシッダッタを育てた．

2）　出家

　シッダッタの出生時にアシタ仙が，「家にあっては転輪聖王，出家すればブッダになるであろう」と予言したと伝えられる．スッドーダナ王はシッダッタの出家を恐れ，シッダッタに何不自由のない豊かな生活をさせ，若くして妃をめとらせたりもしたが，シッダッタの出家を思い止めることはできなかった．シッダッタは妃ヤソーダラーとのあいだに一子ラーフラを儲けたが，やがて29歳のときに出家した．出家を望んだ理由として，老いぼれ死すことが不可避な人間のもつ苦悩からの脱却を求めたことが挙げられるが，このことは「四門出遊」として伝えられている．この伝説によるとシッダッタは，遊観のため宮殿の東西南北の四つの門から出て，老人，病人，死人，修行者を見ることによって，老，病，死という苦しみに如何に対処すべきかという問いを抱き，最後の修行者に希望を見いだしたという．

　出家したシッダッタはおよそ6年にわたって悪魔の誘惑などに打ち勝って修行をおこなったが，苦行が最終的なさとりに導くものではなく，心身を苦しめるものでしかないことにやがて気づくことになる．

3）　成道

　苦行を捨てたシッダッタは悪魔の誘惑などに打ち勝って（降魔），菩提樹下の49日間の瞑想ののちに，ついに縁起の真理を体得して「覚めた者」（Buddha）となった．ブッダの成道の地はブッダガヤーと呼ばれる．ブッダは，みずからの悟った内容はあまりにも難解であり言語表現を超えたものであるので，法を説くことを断念しようとした（ブッダの沈黙）．しかしブッダにたいして梵天が人々に教えを説くように懇願したため（梵天勧請），ブッダは説法を決意したと伝えられる．このときの様子は初期仏典ではつぎのように記されている．

　　そのとき尊師は，ひとり隠れて，静かに瞑想に耽っておられたが，心のう

ちにこのような考えが起こった. —— 「わたしのさとったこの真理は深遠
で，見がたく，難解であり，しずまり，絶妙であり，思考の域を超え，微
妙であり，賢者のみよく知るところである. ところがこの世の人々は執着
のこだわりを楽しみ，執着のこだわりに耽り，執着のこだわりを嬉しがっ
ている. さて執着のこだわりを楽しみ，執着のこだわりに耽り，執着のこ
だわりを嬉しがっている人々には，〈これを条件としてかれがあるという
こと〉すなわち縁起という道理は見がたい. またすべての形成作用のしず
まること，すべての執着を捨て去ること，妄執の消滅，貪欲を離れること，
止滅，やすらぎ（ニルヴァーナ）というこの道理もまた見がたい. だからわ
たしが理法（教え）を説いたとしても，もしも他の人々がわたしのいうこ
とを理解してくれなければ，わたしには疲労が残るだけだ. わたしには憂
慮があるだけだ」. と. 〔…〕そのとき〈世界の主・梵天〉は上衣を一つの
肩にかけて，右の膝を地に着け，尊師に向って合掌・敬礼して，世尊にこ
のように言った, —— 「尊い方！尊師は教え（真理）をお説きください.
幸ある人は教えをお説きください. この世には生まれつき汚れの少ない
人々がおります. かれらは教えを聞かなければ退歩しますが，〔聞けば〕真
理をさとる者となりましょう」と. (『サンユッタ・ニカーヤ』, 第一集, 第六篇,
中村元訳『ブッダ 悪魔との対話 サンユッタ・ニカーヤⅡ』より).

4）説法
　ブッダの初めての説法（初転法輪）はかつての5人の苦行仲間にたいして,
サールナート（鹿野苑）でおこなわれ，この5人が最初の弟子となって教団（サ
ンガ）が成立した. ブッダはそののち入滅するまでの約45年にわたって説法
をおこなった. ブッダの説法は，説く相手に応じたもの（対機説法）であり,
また巧みな比喩が用いられた. 説法がなされた場所として，マガダ国のビンビ
サーラ王が寄進した竹林精舎（ラージャガハ（王舎城）の北，仏教最初の僧院），ス
ダッタ（須達多）によって与えられた祇園精舎（コーサラ国サーヴァッティー（舎衛
城）の南，ジェータ（祇陀）太子の林苑に建てられた）などが知られる. ブッダには
10人の秀れた弟子（十大弟子）がいた. すなわち，もとは懐疑論者サンジャヤ
の弟子であった「智恵第一」のサーリプッタ（舎利弗），「神通第一」のモッガ

ラーナ（目連），仏滅後ただちにおこなわれた仏典結集の長となった「頭陀第
一」のマハーカッサパ（摩訶迦葉）といった人たちをはじめとして，「天眼第
一」のアヌルッダ（阿那律），「解空第一」のスブーティ（須菩提），「説法第一」
のプンナ（富楼那），「論義第一」のマハーカッチャーナ（摩訶迦旃延），「持律第
一」のウパーリ（優婆離），ブッダの実子で「密行第一」のラーフラ（羅睺羅），
そしてブッダの晩年に長くそばで仕えた「多聞第一」のアーナンダ（阿難）と
いう 10 人である．

5） 入滅

　80 歳になったブッダは，ラージャガハの霊鷲山を出発して，ふるさとカピ
ラヴァッツからサーヴァッティーをめざす最後の旅に出た．その途中クシナー
ラーで完全な涅槃（般涅槃）に入ることになるが，その地で遍歴行者スバッダ
に語ったつぎの言葉は印象深いものである．「スバッダよ．わたしは29歳で，
何かしら善を求めて出家した．スバッダよ．わたしは出家してから50年余と
なった．正理と法の領域のみを歩んで来た．これ以外には〈道の人〉なるもの
も存在しない」．さらにブッダの最後の言葉には以下のようなものがある．「こ
の世で，自らを島とし，自らをたよりとして，他人をたよりとせず，法を島と
し，法をよりどころとして，他のものをよりどころとせずにあれ」．「アーナン
ダよ．お前たちは修行完成者の遺骨の供養（崇拝）にかかずらうな．どうか，
お前たちは，正しい目的のために努力せよ．正しい目的を実行せよ．正しい目
的に向って怠らず，勤め，専念しておれ」．「アーナンダよ，あるいは後にお前
たちはこのように思うかもしれない，『教えを説かれた師はましまさぬ，もは
やわれらの師はおられないのだ』と．しかしそのように見なしてはならない．
お前たちのためにわたしが説いた教えとわたしの制した戒律とが，わたしの死
後にお前たちの師となるのである」．「さあ，修行僧たちよ．おまえたちに告げ
よう，『もろもろの事象は過ぎ去るものである．怠ることなく修行を完成させ
なさい』と」（以上，中村元訳『ブッダ最後の旅　大パリニッバーナ経』より，なお数字
表記を一部改めた）．これらの言葉から，ブッダが弟子たちに遺した教訓は，「師
がこれまで説いてきた教えと，その教えに基づいて修行によって磨かれたみず
からの心とをよりどころとせよ」というものであったことが知られる．

2　仏教の展開

2-1　初期の仏教

　ブッダの入滅後ただちに弟子たちがラージャガハに集まり，マハーカッサパを中心に仏典編集会議（第一結集）がおこなわれた，と伝えられる．ブッダの教説は口頭により伝承され，やがておそらく紀元前後から文字化されたと推測される．初期の仏典は，教団の規律をまとめた「律蔵」とブッダの教説をまとめた「経蔵」とから成る．「経蔵」は『長部経典（ディーガ・ニカーヤ）』『中部経典（マッジマ・ニカーヤ）』『相応部経典（サンユッタ・ニカーヤ）』『増支部経典（アングッタラ・ニカーヤ）』『小部経典（クッダカ・ニカーヤ）』に分かれる．なお初期の仏教徒の生活は，出家者の集団であるサンガ（僧伽）を中心に営まれた．

　１）　ブッダの根本思想

　ブッダの説法は，「（十二支）縁起説」（苦しみの存在の原因究明），「四聖諦」（四つの真理）といった法数項目として言語化された．説法の核心は，人間存在の苦しみの根拠をさまざまなものを所有しようとする欲望のうちに見いだし，その欲望を放捨することによって解脱の自由を得るように努めよ，というものであった．

　① 縁起説

　縁起説とは，現象世界が相互依存関係，条件付けの関係によって成立しており，さまざまなものが実体（自性）をもたないという仏教の根本真理を説くものである．この真理により苦しみの原因となる欲望の対象の実体性が否定されることになり，欲望そのものの消滅につながることになる．

　縁起説の完成された形は「十二支縁起説」と呼ばれ，12 の要素の依存関係によって苦しみの原因，苦しみの消滅を説明する教説となっている．十二支は「老死」という苦しみの存在の原因を「生」（誕生・生存）のうちに見いだすことから始まり，さらに生の原因を「有」（迷いの生存）に，以下同様に「取」（取着，執着），「愛」（愛情，愛欲），「受」（感受作用，感覚，感情，快・不快・どちらでもないものの感受），「触」（対象との接触），「六処」（六つの感覚器官：眼，耳，鼻，舌，身，意），「名色」（精神と物質，あらゆるもの），「識」（識別作用，心），「行」（形成力，潜在的形

成力，現在の意志や行為を形成する潜在余力）へとたどっていき，それらの究極の原因として「無明」（無知）にまで行き着くというものである（逆観）．つまり苦しみの成立は順番（順観）に，無明→行→識→名色→六処→触→受→愛→取→有→生→老死となる．したがって無明の消滅は最終的に老死の苦しみの消滅に至ることになる．もっとも縁起説は最初から十二支であったわけではなく，二種縁起，五支縁起，十支縁起などを経て，最終的に十二支縁起となったのである．

　②四諦説

　四諦とは「四つの真理」という意味で，苦しみの根拠を欲望のうちに見いだし，欲望の滅によって苦しみの滅があるという仏教の根本真理を苦諦，苦集諦（集諦），苦滅諦（滅諦），苦滅道諦（道諦）という四つの真理によって説明するものである．すなわち「苦諦」とは一切は苦であるという真理であり，生老病死という四苦に，愛別離苦・怨憎会苦・求不得苦・五陰（五蘊）盛苦といった苦を加えて八苦とされる．「苦集諦」とは苦には原因があるという真理であり，苦を生起せしめる原因は渇愛（欲望）であるとされる．さらに「苦滅諦」とは苦の原因を滅することによって苦の止滅（涅槃寂静）があるという真理である．最後の「苦滅道諦」とは，苦の止滅に導く道という真理であり，正見（正しい見解），正思惟（正しい思考），正語（正しいことば），正業（正しい行為），正命（正しい生活），正精進（正しい努力），正念（正しい思い），正定（正しい瞑想）という八正道のことである．この四諦は縁起という根本真理を人々に分からせるための理論であるということもできる．

　2）　最古層の思想

　初期仏典のなかには最古層に属する韻文経典が加えられている．これらがもともとブッダの教説であったのかなかったのか，これについてここでは問わないことにしよう．しかしながら仏滅後の初期に迫るこれらの経典が，初期仏教の何らかの姿を伝えていると見なすことは許されるであろう．ここでは韻文経典のうちでも最古層に属す，『スッタニパータ』第4章第15経からつぎの五つの詩頌を取り上げてみよう（荒牧典俊『ゴータマ・ブッダの根本思想』（梶山雄一他『インド仏教1』所収）より，それぞれの末尾に付した数字は詩頌の通し番号）．

・無限の過去以来〔上は神々の存在から下は地獄の存在に至るまで〕あらゆる方位の輪廻的存在へと，つぎからつぎへとつき動かされて輪廻転生しているが，いかなるところにおいても輪廻的存在は根底的にうつろい実質がない．どこかにわたくしの自己自身の精神のアートマンがいこい安らう定住処がないものかとさがしまわってみたが，わたくしが見たのは，いい加減なところに安住している人々ばかり．(937)

・その心臓に突きささった矢のエネルギーによって突き飛ばされて，あらゆる人々や生物は，あらゆる方位の輪廻的存在へと輪廻転生しつづけていくのである．いまもしも，その矢をさえ引き抜いてしまうならば，もはや輪廻転生することはあるまい．もはやはてしない輪廻の洪水に沈んでいることはあるまい．(939)

・わたくしは言う，はてしない輪廻の洪水であるのは，いつまでも輪廻的存在でありつづけようとする深層の欲求である．わたくしは言う，あちこちに向う激流であるのは，そのときどきの衝動的な欲求である．漂流物であるのは，つぎつぎに輪廻的存在であろうと意思しつづけ構想しつづけていくときの対象物である．ああ，まことに欲望の底なしの泥沼を渡りきることは難しい．(945)

・無限の過去以来〔個体存在に漏水してきた欲望〕の汚水を干上らせてしまうがよい．未来についても，いかなる存在をも志向しないようにするがよい．いまここの現在において輪廻的存在に執着して離さないということのないようにするがよい．〔このように禅定において思惟しつつ〕静寂なるままに修行していくがよい．(949)

・かくして過去についても，未来についても，現在についても，個体存在を「わたくしのもの」として所有することがなくなるならば，〔若くて美しかりし存在が〕なくなったからといって悲嘆することもない．この世の存在でありながら，年老いることもない．(950)

この五つの詩頌に表れた思想を見ていこう．ブッダは世間的存在として輪廻転生しつづける人間に備わる苦悩，悲嘆を確認したのち，それらの苦悩が存在する根拠を追求するという仕方で苦悩からの解放，禅定（さとり）を求めた．そ

してこの尋求の過程で，みずからの「心臓に突きささった矢」を見いだす．こ
の矢こそ「激流」の如き「いつまでも輪廻的存在でありつづけようとする深層
の欲求」であり，この欲求こそが「個体存在を「わたくしのもの」として所
有」しようとする自我意識である．この深層の欲求ないしは自我意識を放捨せ
よと説くのがブッダであり，執着を離れ「静寂なるままに修行していく」こと
によりこの放捨を成し遂げさとりの智恵を体得した「覚めた者」がブッダなの
である．ここに示された思想は明らかに仏教の根本思想であり，2－1の1）
で考察したブッダの根本思想に連なるものであることは確認できる．

　　3）　部派の成立

　初期仏教の時代に，部派（ニカーヤ）と呼ばれる，特定の戒律や教説を伝承
する集団が生まれたが，部派は必ずしも同じサンガ出身者で構成されたわけで
はない．アショーカ王（位：前268-232）の没後まもなく，仏教教団は保守的な
上座部と進歩的な大衆部とに分裂し（根本分裂），両者はさらに数世紀にわたっ
て分裂を繰り返し多くの部派が生まれた，とも考えられてきた．それぞれの部
派は独自にブッダ教説の研究をおこない，集団の規律をまとめた「律蔵」と
ブッダの教えを集めた「経蔵」を伝持し，若干の増補や変容をなした．また各
部派は独自に法の解釈をおこない，「論蔵（アビダルマ）」を作成した．アビダル
マとは「ブッダの教えに関する研究」という意味である．部派は互いに煩瑣な
論争を繰り返したが，部派のなかで特筆すべきは「説一切有部」である．有部
はカシュミール地方を中心として保守的であり，縁起，四法印，四諦，三学と
いった原始仏教経典の基本思想を体系化していった．有部の思想は『発智論』
（前1世紀），『大毘婆沙論』（『発智論』にたいする注釈，2世紀），『倶舎論』（世親，5
世紀）などによって知られるが，現象の背後にある本体（法）の三世（過去・現
在・未来）にわたる恒存を認め（三世実有），本体を75の構成要素に分類する
（五位七五法）．この有部の思想は誤った実在論として，龍樹をはじめとする大
乗の思想家たちによって批判されることとなるが，このような批判という仕方
で仏教の哲学思想は進展していくことになる．

　2－2　大乗仏教

　大乗仏教をどのように捉えるかが揺れている．仏教をほぼ大乗仏教として受

け入れてきた日本においては，小乗から大乗への移行を直線的に進歩として捉えがちであるが，そのような見方はもはや維持できなくなっている．おそらく大乗仏教が興起した時代において確かなことは，大乗経典が出現したということだけではないだろうか．この意味で大乗仏教を「なんらかの経典制作運動」（下田正弘）と捉えることは肯綮に当るであろう．そもそも大乗仏教は般若経典の説く空の思想を基盤として展開された．以下で大乗仏教の特徴を列挙してみよう．

1）　大乗仏教の特徴
①六波羅蜜——智恵の重視
「波羅蜜」とは「絶対の，完全な」という意であるが，ここではさとりという完成へ到るための修行を意味している．六波羅蜜とは布施，持戒，忍辱，精進，禅定，般若という六つをいうが，とりわけ般若波羅蜜は十方諸仏に通じる空性の智恵であり，「智恵の完成」である．六波羅蜜を実践する修行者は，ブッダと同じさとり（無上正等覚）を得ることを目標としたが，彼らはみずからをブッダの前世と同じ菩薩と見なした．菩薩はすべての衆生の救済に努める利他行を実践する修行者である．また『八千頌般若経』では般若波羅蜜を諸仏を産み，無上菩提と全智者性を教える母に譬え，仏塔崇拝よりも般若波羅蜜の尊重を説いた．

　「〔…〕そういうわけで，カウシカよ，良家の男子にせよ女子にせよ，供養されるべき，完全にさとった如来が完全に涅槃されたときに，その供養のために七宝よりでき，如来の遺骨を納めたストゥーパを千万もつくるとしよう．つくり終わって，それを一生のあいだ，神々しい花〔…〕神々しい旗を供え，また周辺にも神々しい燈明や花環を供え，種々の神々しい供養の仕方によって恭敬し〔…〕祈願するとしよう．カウシカよ，お前はどう思うか．いったい，その良家の男子や女子は，それによって多くの福徳を得るであろうか」
　　カウシカはお答えした．
　「世尊よ，たくさんに．善く逝ける人よ，たくさんに」
　　世尊はお続けになった．

「カウシカよ，そのような人よりも，つぎのような良家の男子や女子のほうが，もっと多くの福徳を得るのである．すなわち，（知恵の完成に）誠信をささげて信頼し，傾倒（信解）して心が澄浄になった（良家の男子や女子が）さとりに向かって心を発して，強い宗教的志願をもってこの知恵の完成を聞き，習い〔…〕読誦し，また他人のために詳しく解説してやるとしよう．さらに，この（知恵の完成の）意味を解釈し，心で吟味し，すぐれた知識に従ってそれに熟慮を加えるとしよう．〔…〕カウシカよ，このようにするこの良家の男子や女子は，前に述べた人よりももっと多くの福徳を得るのである．〔…〕」（梶山雄一訳『八千頌般若経』第3章，カウシカは帝釈天）

②菩薩行──ジャータカとの関わり

大乗仏教はブッダをめざし六波羅蜜を実践する菩薩行にその特色がある．この「菩薩」という考え方に大きな影響を及ぼしたのが「ジャータカ」と呼ばれるブッダの本生譚，前生譚である．この物語において，ブッダは前世にみずからの身体をも供養に捧げて他者救済をおこない，この善業の報いとして今生においてブッダになったとされる．ここでブッダの前生は菩薩と呼ばれている．前2世紀頃のバールフットの仏塔にはジャータカ説話が彫刻されていることから，そのころまでには民間説話が仏教に取り入れられたと考えられる．

③他方仏──信仰の対象としての釈迦仏

初期の仏教は出家中心，戒律重視，法中心（自灯明，法灯明）であったのにたいし，大乗仏教は救済者としての仏にたいする信仰が中心になり，過去七仏，現在諸仏，未来仏といった多くの仏たちが登場し讃えられた．この多くの仏の出現は，もともと一つの世界には一仏のみという原則にたいし，多世界を想定することにより他方仏（現在十方諸仏）という多仏の存在が許容されたことによる．釈迦仏は現在仏でありながら過去七仏にも数えられるが，現在仏としては阿弥陀仏（西方極楽世界），阿閦仏（東方妙喜世界），薬師仏（浄瑠璃世界）などが，未来仏には弥勒仏が知られる．また信仰の対象としての釈迦仏にたいし法（真理）そのものとしての法身を分ける二身説や法身，報身，応身という三身の考えが登場する．

138

④ 神変

　神変とは如来のもつ神通（力）のことであり，大乗以前から見られたこの考えは，大乗において新たな思想が加わりより重要度を増した．如来，とりわけ釈迦仏には，みずからが放つ光明によってあらゆる世界を照らすなどの神力が備わると考えられていたが，大乗になると，仏は衆生の側の努力を要求することなく衆生を無上正（等）覚に至らしめ，娑婆世界を浄土に変える．すなわち浄土教に見られるように，仏の他力によって衆生が救済されることになる．『華厳経』において神変と縁起との同定が見られるように，神変は大乗仏教において仏教の真理性を支える中心思想となったが，これは一神教の神にも通じる仏の特性であると見なすことができよう．

⑤ 経典の重視

　原始経典は口頭伝承によって伝えられたブッダの説法を文字化したもので，ブッダの説法を正確に写し取ることがその第一義とされた．それにたいして大乗の経典は，ブッダの悟った真理そのものを言語化する試みという性格をもち，この試みにおいてはその記述が正確にブッダの説法そのものであるか否かということではなく，その内容がブッダが伝えようとした真理を表現しているかどうかということが重要視された．もともとブッダが悟った真理は言語化を拒むものであり，大乗における経典制作の試みは，「方便」と見なされるブッダの説法と同じく，〈秘蔵されたもの〉をあえて言語化する創作活動と考えることができよう．

⑥ 国際性

　初期大乗経典が制作された1・2世紀は，キリスト教の『新約聖書』が書かれた時期と重なる．このことの意味はけっして看過すべきではないと思われる．さらに大乗仏教が展開された場所はインドといってもアフガニスタンを含むインドの西北地域であり，アレクサンドロス大王東征以来ギリシア文化はこの辺りにまで達していた．この地域はまた東西文明の交通路にあたることからも，初期大乗仏教とキリスト教との相互影響は十分想定可能である．この意味でも大乗仏教は「国際的仏教」とでも呼ぶべき性格を有する．このことについてはさらに第5節で考察する．

2)　主な大乗経典

　初期大乗仏教の内実が新たな教団や儀礼の創出ではなく，大乗経典の制作で
あったとするならば，大乗仏教の理解は大乗経典解釈にかかっているといえる．
ここではおもな大乗経典を簡単に紹介しておく．

　① 般若経典

　「般若波羅蜜」（智恵の完成）を説く最初期の大乗経典群で，「空」の思想がそ
の根底となっている．大乗仏教は般若経典の説く空の思想を基盤として展開さ
れたと考えられる．『八千頌般若経』（1 世紀頃か）に始まり，『二万五千頌般若
経』，『十万頌般若経』のように長大なものや，『般若心経』のように非常に短
いもの，また『理趣経』のように密教化されたものまである．

　② 華厳経典

　4 世紀中頃までに『華厳経』にまとめられたと考えられる．そのうち「十地
品」，「入法界品」，「如来性起品」などは，もともと『十地経』のように独立
した経典であった．教主は釈迦仏と一体とされる毘盧舎那仏で，法身仏として
の毘盧遮那仏の遍満という華厳思想には空思想，唯識思想，如来蔵思想が含ま
れることになるが，その中心には「一即一切・一切即一」といわれる関係性の
世界，重重無尽の縁起の世界がある．

　③ 浄土経典

　浄土教の経典群．『無量寿経』，『観無量寿経』，『阿弥陀経』は浄土三部経と
呼ばれる．

　④ 法華経

　406 年に鳩摩羅什によって漢訳されたものが『妙法蓮華経』である．成立の
順に三段階に分けられ，第一段階（2 章から 9 章）ではすべての衆生がただ一つ
の道，菩薩道に精進して成仏をめざすべしと説く一乗思想が説かれ，第二段階
（1 章と 10 章から 22 章まで）には宝塔の出現や久遠実成の釈迦仏が語られ，第三
段階（23 章以降）では観世音菩薩や普賢菩薩が登場する．

3)　大乗仏教の起源に関する諸説

　大乗仏教の起源に関しては，大乗仏教の起源を小乗の一部派であった大衆部
と見なす大衆部起源説がかつては有力であったが，平川彰（1915-2002）は大乗
仏教の起源を，仏塔近くに集まった在家信者に求めた．この在家信者たちは

ブッダその人にたいする信仰から，やがてブッダをめざす菩薩を自認するように なる．この菩薩を自認する人たちはさまざまな布施をおこなっているが，出 家の比丘たちは私有財産をもたないはずなので，もとは在家信者であると考え られたのである．この在家の仏塔集団が大乗仏教の起源であると平川は主張し たが，この説に異議を唱えたのがショペン（Gregory Schopen, 1947-）である． ショペンはそれまで軽視されがちであった碑文や律に関する文献を丹念に調査 することにより，それまでの既成概念を打ち破り，仏教僧たちが出家後も私有 財産をもち，学習・瞑想以外の営利活動も続けていたことを明らかにした．ま た大乗仏教の起源に関しては，これまで大乗仏教が栄えたと考えられていた1 世紀から4世紀にかけては実質的な大乗教団は存在せず，大乗仏教としては大 乗経典の存在のみが確認されることを示した．これによって在家仏教集団が大 乗仏教の起源であるとする平川説は大きく修正を迫られることとなった．

　このような考えを受けて下田正弘は紀元前後の書写経典出現に注目し，大乗 仏教を「なんらかの経典制作運動」と捉え，この大乗経典が大乗教団を生み出 したと考える．すなわちショペンによっても示されたように，大乗経典出現以 降も伝統仏教（部派仏教）は存続したのであり，むしろ伝統的な僧院のなかで こそ大乗経典は創られたのであって，その意味で5・6世紀までは大乗仏教は 経典のなかにのみ存在したことになる．いずれにしても大乗仏教の起源に関し てはまだ確定したわけではなく，新たな資料の出現によってさらなる修正を迫 られることであろう．

　4）　如来蔵思想

　大乗仏教の重要な思想の一つに如来蔵思想がある．「如来蔵」とは「如来を （その内部に）蔵している」ということで，真如としての如来（法身仏）の遍満を 一人ひとりの心の本性と捉えることから，一人ひとりが心のうちに如来を蔵す ると理解された．これはすべての衆生が等しく仏になる可能性をもつことであ り，一乗思想と一体のものである．この思想はさらに現象世界をそのまま仏の 世界と見る本覚思想につながる．如来蔵思想の経典としては『如来蔵経』，『華 厳経』の「如来性起品」，『勝鬘経』，『大乗起信論』などがある．如来蔵思想 は本覚思想として日本仏教の展開に甚大な影響を与えた．

5） 密教

8世紀になると仏教はヒンドゥー教を取り込み，ヒンドゥー教の影響が強い密教がインド全体に拡がった．密教は神秘主義的傾向が強く，ここに登場する大日如来は世界に遍満する法身仏であり，『華厳経』の毘盧遮那仏と同一であるとされる．密教経典としては『大日経』と『金剛頂経』とが重要である．『大日経』は650年頃に成立した．説法をするのは釈迦仏ではなく大日如来（毘盧遮那仏）で，この経の理念を図化したものが「胎蔵マンダラ」である．マンダラ中央の大日如来は，大悲，つまり衆生の苦にたいする大きなあわれみを根源とする法身仏で，この中心から大悲は周りの諸仏へと拡散する．胎蔵界は大悲を根源とする仏の世界で，このマンダラは大悲マンダラとも呼ばれる．また『金剛頂経』は680-690年頃に成立した．この教の理念を図化したものが「金剛界マンダラ」で，このマンダラは修行者が大日如来の智恵によって如来と一体になる様子を描いている．密教は平安時代以降，とりわけ中世において日本仏教の中心となった．

2-3　仏教の終焉──インドにおける

インドでは10世紀以降の仏教の衰退は激しく，密教を含め仏教がヒンドゥー教に取り込まれていく．ブッダはヴィシュヌ神の第九番目の化身と見なされた．1203年，ヴィクラマシラー寺（ベンガル）がイスラーム軍によって破壊され，インドにおける仏教の終焉が現実のものとなった．

3　大乗仏教の哲学思想

仏教の思想は，インド哲学の思想と別物ではない．たしかにブッダは，人間の救済にとっての哲学・形而上学の有効性を否定した．しかしながら仏教の展開は，仏教の哲学思想と無縁になされたものではない．とりわけ大乗仏教は，インド哲学の諸学派との論争を通じてその思想を形成し体系化してきた．ここではその代表的な哲学思想である中観と唯識を取り上げる．

3-1 中観思想

　中観学派はすべての事象は実体をもたない，すなわち「無自性」の真理を「空」という概念で表す．これはさきに考察した縁起説の概念化であるといえる．中観思想は龍樹（ナーガールジュナ，150-250頃）によって始められた．龍樹の著作は主なものに『中論』，『廻諍論』，『広破論』，『大智度論』（『二万五千頌般若経』にたいする注釈）などがある．中観思想は『般若経』に説かれた「空」思想を理論化したが，体系的であるよりもむしろ神秘主義的である．

　『中論』冒頭の帰敬偈では，「滅しもせず，生じもせず，断絶もせず，恒常でもなく，単一でもなく，複数でもなく，来りもせず，去りもしない依存性（縁起）は，ことばの虚構を超越し，至福なるものであるとブッダは説いた．その説法者の中の最上なる人を私は礼拝する」（梶山雄一『空の思想』57頁）と記されている．ここで述べられている不生・不滅，不来・不去などのいわゆる「八不」は，『般若経』に説かれた「空」の思想を表している．この思想は説一切有部の三世実有論にたいする批判から出ているのである．有部によると自性（本体）は過去・現在・未来という三世にわたって常住であるが，この主張にたいして龍樹は反論する．その反論として『中論』（15・1/2）には，「自性が多くの原因や条件によって生ずるということはできない．原因や条件から生じた自性は作られたものとなってしまおう．けれども自性がどうして作られたものであろうか．というのは，自性とは他のものに依存せず，作られることのないものであるから」（梶山雄一『空の思想』72頁）といわれる．龍樹によると常住なものは言語による仮構でしかないのである．

　また中観思想には世界を勝義諦（究極的真理）と世俗諦（世間的真理）の二つに分ける二諦説がある．勝義諦とは空の真理であり，言語を離れている．世俗諦とは，言語表現された真理であるが，それは仮のもの（仮説）なのである．

3-2 唯識思想

　唯識思想は4〜5世紀に活躍した無着（アサンガ），世親（ヴァスバンドゥ）兄弟によって確立した．唯識思想は『解深密経』に説かれた思想を発展的に大成したもので，中観の無自性空にたいして，心の存在のみを認める．代表的著作として無着には『摂大乗論』，世親には『唯識二十論』『唯識三十頌』がある．

唯識思想に基づき玄奘は「法相宗」を打ち立てたが，奈良の薬師寺，興福寺と京都の清水寺は法相宗寺院として知られる．唯識思想は哲学としては典型的な唯心論であるが，瑜伽行唯識学派と呼ばれるように最終的にヨーガの実践による解脱を求める仏教思想である．その思想はつぎのようなものである．

　1)　現象の世界は心の表象にすぎない

　すべての対象は人間の意識の内容，すなわち観念，表象であって，それに対応する外界の対象は存在しない，認識の対象はみずからの表象である，と唯識は見なす．「この三界は心（citta）のみのものである」，「このすべてのものは表象（vijñapti）のみのものである」（世親『唯識二十論』冒頭，梶山雄一訳，長尾雅人他訳『世親論集』より），これらがその基本命題である．この識の根本構造を世親の『唯識三十頌』第17偈では，「変化しつつ生成する識は，（いかなる自体もないところに自体を）はからう構想（分別）である．その（変化しつつ生成する識としての構想）によって構想されている（自体）は，存在しないのである．そうであるゆえに，（衆生の世界内存在の）いまここ（の世界）にある（かぎりの）あらゆる存在は，唯現象識であるにすぎないものである（一切唯識）」（荒牧典俊訳，長尾雅人他訳『世親論集』より）と説明する．ここで現象識と訳される vijñapti は，『二十論』の訳では「表象」とされたが，変化しつつ転変する識（vijñāna）のもつ対象志向の働きと考えられる．この識は三層の構造をもつが，その最深層がアーラヤ識なのである．

　2)　アーラヤ識

　唯識では転変する識の構造を三層のものとする．すなわち最深層第八識がアーラヤ識，アーラヤ識を自我と見なす汚れた識が「思量」と呼ばれる第七識，そして外界の対象に関わる眼識・耳識・鼻識・舌識・身識・意識という六つの識である．アーラヤ識が深層意識であるのにたいして，他の七つの識は現実に働く識である．アーラヤ識について無着は『摂大乗論』（1・21）においてつぎのように説明する．「略説すれば，アーラヤ識は，あらゆる種子を有する異熟識であることを，その本質とする．三界に属するあらゆる身体的存在も，あらゆる生の境位も，その中に包摂されている」（長尾雅人『摂大乗論』（上）155頁）．まずアーラヤ識の特徴として「あらゆる種子を有する」ということが挙げられる．ここで「種子」とは現勢的な七つの識の働きに基づく人間の活動の結果が

アーラヤ識のなかに熏じられたもので，善・悪の行為にたいしてこの種子としての潜勢力は善でも悪でもない「無記」であることが「異熟」と呼ばれる理由である．そしてアーラヤ識のなかには「あらゆる身体的存在も，あらゆる生の境位も包摂されている」のであって，まさにアーラヤ識はどこまでも迷いの存在の根拠となる．したがって解脱はこの根拠そのものの転換，転依によって初めて可能となるはずである．この転依は三性説のテーマである．

　3）　三性説

　中観では世界を勝義諦と世俗諦の二諦で説明したが，唯識では遍計所執性，依他起性，円成実性という三つのあり方で説明する．遍計所執性とは誤った表象の原因であり，円成実性が心の本来のあり方，法性であるが，これら二つはともに依他起性に含まれる．これら三者の関わりを無着は正確に描写する．「これら三種の実存（三自性）は，そのあり方が相互に異なるのか，それとも異ならないのか．——異なるのでもなく，異ならないのでもないと言うべきである．他に依るという実存が，ある観点では他に依るものなのであり，ある観点ではその同じものが妄想されたものであり，さらにある観点では，その同じものが，完全に成就されたものでもある」（長尾雅人『摂大乗論』（上）333頁）．この引用の「他に依るという実存」が依他起性，「妄想されたもの」が遍計所執性，そして「完全に成就されたもの」が円成実性である．そしてこれらはすべて，世界の真相が縁起であることからも他に依るものなのであるが，この依他起が分別構想を生むという観点では遍計所執でもあり，この分別構想はじつは妄想に過ぎないと見抜く智によって円成実にもなるのである．円成実にある人は法性と一体なのであり，このとき迷いの存在の根拠であったアーラヤ識は消滅するのである．

4　中国への伝播

　ここでは中国仏教に深入りすることはできないが，仏教は紀元前後（前漢末）中国に伝来した．中国仏教の最大の成果は，膨大な量の，そして非常に優れた仏典の翻訳である．とりわけ鳩摩羅什（344-413/350-409），玄奘（602-664）という二大巨匠の功績は多大である．鳩摩羅什は亀茲国で生まれたが，382年に前

秦の呂光によって亀茲が討たれると涼州に，さらに 401 年には長安に迎えられた．鳩摩羅什による 300 巻にもおよぶ大翻訳事業は，のちの中国仏教に大きな影響を与えた．これら「漢訳大蔵経」は中国仏教の展開に大きな役割を果たしたのみならず，現在の文献学的研究にとっても「チベット大蔵経」と並んで貴重な資料となっている．

　中国仏教において，理論体系の面では「天台宗」と「華厳宗」が，また実践面では「浄土教」と「禅宗」が独自の展開を遂げた．天台宗は智顗（538-597）によって大成された．第二祖南岳慧思のもとで学んだ天台大師智顗は，『法華文句』『法華玄義』『摩訶止観』などを講じ，「五時八教の教判」を樹立した．これは多くの仏典を体系づける「教相判釈」で『法華経』をブッダの真実の教えとし，他の仏典をその方便として体系づけたものである．また宇宙の一切の現象が自己の心に備わっているとする「一念三千」も天台の基本的な教説である．華厳宗は唐代に成立したもので宗祖は杜順，大成者は法蔵（三祖，643-712）である．『華厳経』を所依の経典としている．この経典においては，普賢菩薩の願行，すなわち普賢行がテーマとなっている．華厳宗の教義は大乗仏教の縁起説が発展したもので，天地万物，人間を真理の顕現（性起）と捉え，理を超えた事事無礙法界（事物と事物とが互いに妨げることなく融け合っている世界）を究極の立場としている．また浄土信仰には弥勒浄土や弥陀浄土にたいする信仰があるが，中国浄土教という場合には阿弥陀仏の西方極楽浄土にたいする信仰を指す．浄土教は曇鸞（476-542?）によって基礎が確立し，道綽（562-645），善導（613-681）によって大成された．依拠する経典としては『無量寿経』『阿弥陀経』『観無量寿経』がある．禅宗は 6 世紀はじめに西域より来った達磨によって始められた．経典の学問研究ではなく，座禅と問答によってブッダの心に直接つながろうとする実践的態度に特色がある．とくに中唐以降民族独自の宗教として浄土教とも結びつきながら発展した．

5　他宗教との関わり

　さきに大乗仏教の国際性のところで触れたように，仏教とキリスト教などとの関わりは十分想定可能である．梶山雄一は「西アジアの宗教と文化は，ただ

インドに影響を与えたにとどまらず，西方において，ユダヤ教やキリスト教に
も影響をおよぼしている．いわば，この時代，ギリシア・中東・ペルシア・そ
してインドは，同一の世界文化を共有していた」（『「さとり」と「廻向」』23頁，
「この時代」とは西暦紀元前後）と述べるが，ギリシア，中東，ペルシア，インド
という地域の壮大な文化交流から「同一の世界文化の共有」を見て取るこの考
えからも窺えるように，大乗仏教はまさに「国際的仏教」とでも呼ぶべきもの
である．そこでまずペルシアとの関わりから考えてみよう．

5-1　ペルシアとの関わり

1）　バシャムの考え

　さきに紹介した梶山の見方は，A・L・バシャム（1914-1986）の「ゾロアス
ター教は救済論においても終末論においても，東と西の両方の教義に影響を与
えたことは疑う余地がない」（「菩薩概念の発展」43頁）という考えに後押しされ
ている．ここで「東」とは大乗仏教が，「西」とはユダヤ・キリスト教が意味
されているので，このバシャムの考えを併せると梶山の見方は，西暦紀元前後
に東ヨーロッパからインドに至る地域に見られる「同一の世界文化」の紐帯は
イラン文化，とりわけゾロアスター教ということになる．バシャムによると，
ゾロアスター教が西北インドの人々に教えたものは，正義に向かって世界を浄
化する神的な救済者への期待であり，それにたいして仏教側ではその期待に応
じて，未来仏マイトレーヤ（弥勒菩薩）や衆生救済の誓願をなした法蔵菩薩と
いった神的な菩薩たちを用意したのである．もっともバシャムは，このような
仏教側の対応はあくまでも仏教の展開のなかで出てきたものであって，ゾロア
スター教やその他のイランの宗教からの借り物であるかのような理解は慎むよ
う注意を促している．この注意を踏まえると，大乗仏教に見られるゾロアス
ター教との多くの類似は，「本来は同根であったインドとイランのアーリア文
化に潜在的にあった共通要素が，西暦紀元前後の両文化の激しい交流を経て，
後一世紀のインドにおいてめだって顕勢的になった，というのがおそらくもっ
とも妥当な見方であろう」（『「さとり」と「廻向」』128頁）という梶山の考えに示
されるように，インド・イラン両文化の根源に根をもつ事柄であろう．

２） 阿弥陀仏信仰

　バシャムの注意にもあったように，仏教の展開をあまりにもイランの影響に
引きつけて理解すべきでないことは当然であるとしても，阿弥陀仏信仰はペル
シアとの関わり抜きには考えられない事柄の一つである．阿弥陀仏信仰にたい
するゾロアスター教の影響に関して梶山は，阿弥陀仏の別名の一つ「無量光
仏」および仏像のもつ光背に注目する（『「さとり」と「廻向」』124 頁以下）．すな
わちそのいずれにも光明神アフラ・マズラーが保有する光輪（フワルナフ）の影
響が色濃く認められるからである．さらに梶山は，阿弥陀仏信仰が仏教のなか
で一種の終末論を展開した唯一の思想である点に注目し，「『『ヴェーダ』のヤマ
の王国を例外として，輪廻説が信じられるようになってからのち，西暦紀元こ
ろまでのインドには，終末論は存在しなかった．阿弥陀仏を念じて極楽に往生
したものは，そこで第二の永遠の生命を与えられる，という阿弥陀仏信仰があ
らわれてはじめて，インドで終末論がふたたび形成された．ヤマの王国も阿弥
陀仏の極楽も，ゾロアスター教のサオシュヤントが最後の審判によって善人を
救済し，永遠の生命を与える，という終末論を共有する．阿弥陀仏信仰は，終
末論においても，ゾロアスター教やキリスト教に似ているわけである」（『「さと
り」と「廻向」』127/128 頁）と述べる．すなわち終末論という点からも，阿弥陀
仏信仰にたいするゾロアスター教の影響は否定しがたいものなのである．

5-2　大乗仏教とキリスト教との相互影響

　「キリスト教と仏教との対話」，これは宗教学の分野で今でも人気のある題目
である．この対話の主旨は，思想も伝統も異なる二つの大宗教，長い歴史を通
じてほぼ没交渉であったキリスト教と仏教との相互理解により宗教の新たな可
能性が拓かれることを期待する，というものであろう．しかしながら両宗教は
ほんとうに「思想も伝統も異なり」，しかも「没交渉」であったのだろうか．
さきに見たように大乗仏教が国際的なものであるとすると，もともとキリスト
教とも関わりをもっていたのではないだろうか．さきに阿弥陀仏信仰が終末論
においてキリスト教に似ているという梶山の考えを紹介したが，ここでは『法
華経』のなかに見いだせるユダヤ・キリスト教との類似点に注目してみよう．
　『法華経』は初期大乗仏典に属し１・２世紀を中心に成立したと考えられる．

さきに記したようにこの時期はまさにキリスト教の『新約聖書』，とくに「福音書」が書かれた時期と重なる．たしかに例えば『法華経』第4章の「長者窮児」の喩えと「ルカによる福音書」の「放蕩息子」の寓話との類似が指摘されたとしても，両者の相互影響を証しする根拠は存在しない．しかしながら『法華経』が作られたであろうインド西北部と「福音書」が書かれたであろう地中海東岸地方とは当時，交通路が開かれて活発な行き来がなされていたことからも，両者間に思想交流があったと想定してもけっして合理性を欠かない．とりわけ『法華経』の説く久遠本仏としての釈迦仏とイエス＝キリストとのあいだには看過できない類似点が存在するように思われる．

　岩本裕はその論考「大乗仏典の形成をめぐって」において，『法華経』第11章「見宝塔品」における「塔の出現」にブッダの復活を見て取り，その復活を同経第16章「如来寿量品」に説かれる「永遠に教えを説く仏」（久遠本仏）の前提と捉える．そして岩本はこの復活をとりわけキリストとしてのイエスの復活と関係づける．その理由として岩本は，「このような「よみがえり」の宗教信仰は，仏教の中にはなく，ヒンドゥー教の中にもない．また，イランのゾロアスター教にもなく，近東地方の種々の宗教にも跡をたどりがたい．ただキリスト教にのみ説かれる神聖な教説である」と述べ，『法華経』第11章の根底には「実にキリスト教の復活思想があった」と結論づけている（132/133頁）．この岩本の主張の根拠づけは十分とは言い難く，そもそも基本概念の異なる複数の宗教の類似は論証しうるものではない．しかしながらこの岩本の考えも併せて，つぎのような洞察が可能になるのではないだろうか．

　『法華経』の「如来寿量品」で説かれる久遠本仏とは，量りしれない寿命をもつ仏ということであり，過去・現在・未来にわたる十方諸仏の本体ということである．ブッダは前5・4世紀に生きた一人の覚めた人である．その人がじつは無量の寿命をもち諸仏の本体である久遠の仏であるということは，置かれたシチュエーションが異なるとはいえ，事柄として，受肉して人となったイエスが死後復活して神として天に上げられた，という事態と別物であろうか．この二つはともに，人間であるブッダ，イエスが死して，久遠本仏，永遠なる神として甦るという事態であり，世界宗教の創唱者となるような優れた人格はじつは永遠なる神（久遠仏）であった，ということである．もちろん久遠仏は永

遠なる神ではないが，両者のイメージはけっして異なるものではないであろう．
　いずれにしても大乗仏教とキリスト教に関して私たちがいいうるのは，さき
に挙げた「いわば，この〔西暦紀元前後の〕時代，ギリシア・中東・ペルシア・
そしてインドは，同一の世界文化を共有していた」ということに落ち着くので
はないだろうか．

終わりに
──ブッダの沈黙と方便

　仏教はブッダとともに始まった．ブッダのさとり，それはまさに〈秘蔵され
たもの〉の体得であった．〈秘蔵されたもの〉の言語化不可能性，それはまさ
しく「ブッダの沈黙」であるが，衆生にたいする大慈悲心のゆえに「方便」と
いう方策が見いだされた．真理の言語化不可能性に面しての言語化をめぐる闘
い，これこそがブッダの 45 年におよぶ説法であった．ブッダ入滅後の仏教，
それはブッダの説法の再現であり，説法を伝える努力であった．しかしこの説
法があくまでも方便である以上，原理的には説法の言葉そのものにこだわる必
要はないはずである．ブッダのように〈秘蔵されたもの〉の体得を可能にする
「菩薩」の道が拓かれるとともに，新たな言葉を索める試みが開始された．大
乗仏教における経典制作の営みである．大乗経典制作，そもそも大乗仏教は輝
かしい文化を創造したが，このことによってかえって仏教の限界が，すなわち
仏教の根幹をなす欲望否定が現世否定につながりかねないという性向が露呈し，
やがて仏教は密教を経てヒンドゥー教に取り込まれるに至った．しかしこの限
界を突破する可能性を「習合」に見いだしたのは中国仏教であり日本仏教で
あった．
　日本の宗教史は仏教をその根幹としてきた．仏教が長く日本宗教の柱となる
ことを可能にしたのは「習合」であった．習合というこのバイアスについて次
章で見ていきたい．

参 考 文 献
　岩本裕「大乗仏典の形成をめぐって──特に異教からの影響をテーマとして」，『東洋学術

研究』（第 23 巻・第 1 号），東洋哲学研究所，1984 年

梶山雄一『「さとり」と「廻向」——大乗仏教の成立』，講談社〔講談社現代新書〕，1983 年

————『空の思想——仏教における言葉と沈黙』，人文書院，1983 年

梶山雄一他『インド仏教 1』（岩波講座・東洋思想・第 8 巻），岩波書店，1988 年

梶山雄一他編『ブッダの詩』（原始仏典・第 7 巻），春秋社，1986 年

梶山雄一・丹治昭義訳『八千頌般若経 I・II』（大乗仏典・第 2・3 巻），中央公論社，1975/76 年

高崎直道監修，桂紹隆・斎藤明・下田正弘・末木文美士編『シリーズ大乗仏教』（全 10 巻），春秋社，2011-2014 年

長尾雅人『摂大乗論——和訳と注解』（上・下，インド古典叢書），講談社，1982/87 年

長尾雅人・梶山雄一・荒牧典俊訳『世親論集』（大乗仏典・第 15 巻），中央公論社，1976 年

中村元監修，森祖道・浪花宣明編『原始仏典』第 1-3 巻：長部経典，第 4-7 巻：中部経典，春秋社，2003-2005 年

————，前田專學編『相応部経典』（原始仏典 II，全 6 巻），春秋社，2011-2014 年

中村元訳『ブッダ最後の旅　大パリニッバーナ経』，岩波書店〔岩波文庫〕，1980 年

————『ブッダ　神々との対話　サンユッタ・ニカーヤ I』『ブッダ　悪魔との対話　サンユッタ・ニカーヤ II』，岩波書店〔岩波文庫〕，1986 年

早島鏡正『ゴータマ・ブッダ』（人類の知的遺産 3），講談社，1979 年

御牧克己・吹田隆道編『梶山雄一著作集』（全 8 巻），春秋社，2008-2013 年

Basham, A. L., "The Evolution of the Concept of the Bodhisattva（菩薩概念の発展）", in: Leslie S. Kawamura (ed.), *The Bodhisattva Doctrine in Buddhism*, Delhi, 1997 (first edition: 1981).

第6章　日本の宗教

　私たちにとって，とりわけ特定の宗教を信じているわけではない日本人にとって，「宗教」との関わりは主として「葬儀」であり「法事」ではないだろうか．そして私たちの多くが「仏事」と思い込んでいる葬儀や法事が必ずしも仏教とはいえない，と聞いたならば私たちは耳を疑うであろう．しかしながらじつはそうなのである．まず葬儀であるが，これが仏式でおこなわれる場合，浄土への引導（「臨終即往生」である場合は引導は省かれる）と仏教経典および祖師の言葉の読誦による仏（祖師）への崇拝が柱となっていると思われる．ここまではたしかに仏教であるが，葬儀においてその役割がけっして小さくはない「白木の位牌」，これはどうひいき目に見ても仏教ではない．位牌はもともと儒教だが，それが白木であるところは神道の匂いも感じられる．さらに法事に関しても，三回忌，七回忌などの年忌法要は仏教儀式としておこなわれてはいても，年忌法要という考え方そのものは仏教ではなく儒教である．そもそも葬儀や法事が一般におこなわれるようになるのは江戸時代からで，それには幕府の宗教政策が儒教を基軸にしていたことが色濃く反映している．

　さらに日本の伝統的な家庭には仏壇と神棚がともに祀られているが，この二重信仰は，仏教と神祇信仰との習合（神仏習合）の名残であると理解できる．日本には古くから神霊的なものにたいする素朴な信仰が存在したと思われるが，このプリミティヴな信仰・崇拝に基づく神祇信仰と，仏教を中心とする外来の諸宗教（儒教，道教など）との関わりを軸にして日本の宗教は展開してきた．このシンクレティズム，習合，重層信仰などと呼ばれる現象は日本の宗教を特徴づけるものであるが，この現象がもっとも先鋭に現われた形態として修験道を挙げることができる．山岳信仰に端を発する修験道の根底に，習合をもたらす根源的な力として日本人独特の宗教性を洞察することも可能であろう．五来　重（1908-1993）は日本人の宗教性について，「日本固有の宗教とは何かといえば，罪と穢を人生のすべての禍の根源とする信仰で，これをとりのぞくために

は自らの肉体的苦痛であがなわなければならないとする原始宗教である」(『山
の宗教』84頁)と述べるが，この発言は日本人の宗教性の核心を言い当ててい
る．この発言に含まれる「罪と穢」「禍の根源」「肉体的苦痛によるあがない」
といった概念は，日本人の宗教性を読み解く重要な鍵語である．日本人の宗教
性には，人生の禍いの根源を「罪と穢」のうちに見いだし，みずからの苦痛を
あがないとしてその除去を願う気持ちが強く存し，その気持ちが神道や仏教を
信仰する根源力となっているといえるであろう．

　もとより日本人の宗教性を明らかにする試みは，一書をもっても足りない．
ここでは日本人の宗教性の核心を探る試みとして，「神仏習合」，「修験道」と
いった現象に焦点を当てることになる．ここでも影響作用史的視点を保ちつつ，
中国思想との関わりを重視したい．

1　神祇信仰の始まり

　日本人の神崇拝は，稲作の始まりとともに本格化し，稲の豊作を祈る祭りを
中心に発展した．稲の豊作にはとりわけ水の供給が不可欠であり，水の供給の
源となる山岳にたいする崇拝がとくに重要なものであった．この崇拝は大陸よ
り伝来した仏教等の影響を受け，中世に「神道」と呼ばれる儀礼・思想体系を
形成するに至る．神道へと連なる神崇拝・神信仰は，仏教やキリスト教などの
ように創唱者の言葉から始まったいわゆる「言葉の宗教」と異なり，祭りや儀
礼の実践から始まった「行為の宗教」と呼ぶべき性格をもっていた．

1-1　日本人の原初的な信仰——神祇制度確立以前

　日本人の原初的な信仰，とりわけ仏教等が伝来する以前の日本人の信仰がど
のようなものであったのかを確定することはかなり困難である．というのも仏
教，儒教などの経典の伝来とともに日本に文字が入ってきたのであって，それ
以前の日本人の信仰のあり方については考古学的資料などから「推測」する以
外に方法がないからである．仏教などの外来宗教の伝来以前に神道へとつなが
る日本人固有の信仰があったと想定する考えも根強く存在するが，この考えは
江戸時代の国学に淵源する場合が多く，慎重な扱いを要求するものである．こ

こでは原初的な信仰に関して，可能なかぎり推測を試みたい．

　かつて大陸と地続きだった日本列島が気候の温暖化にともないほぼ今日の地形となったのは1万2000年前ごろからであるが，そのころ数千年にわたる草創期を経て縄文時代は早期に入った．縄文時代の人々は狩猟・漁撈・採集を基本的生業とした定住生活を始めており，農耕や牧畜は基本的におこなわれなかったようである．宗教に関しては，土偶や自然物をかたどった製作物などから，特定の儀礼をともなわないアニミズム的な，自然物を対象とする精霊崇拝がおこなわれていたのではないかと推測される．約3000年から2500年前に水稲耕作が朝鮮半島から伝えられ，農耕を基盤とする弥生時代への移行が西日本から始まった．この時代は朝鮮半島から武器も伝来し，階級分化へと向かうこととなったが，神々への崇拝もこの時代に淵源すると考えられ，大量に発掘される銅鐸をはじめとする青銅製の器具が神々への祭式に使われたのではないかと推測される．やがて3世紀末から4世紀初頭にかけて古墳時代に移行するころには大規模古墳が出現し，階級分化の進捗，首長の出現が確認される．この古墳時代に，その根幹となる氏姓制度に基づいて，プリミティヴな崇拝・信仰が形成されたと考えられる．

　それは自然そのもの，あるいは自然に内在するさまざまなカミにたいする崇拝・信仰に始まり，稲作農業を中心とする農耕社会の始まりとともに，稲づくりのための農耕儀礼，祭りを中心とする宗教儀礼が整えられていった．このような農耕儀礼にとって，山にたいする崇拝・信仰がその中心となったと考えられる．山はもともと農耕に欠かせない水の供給源であるとともに，死体の安置場所として，死者の霊が鎮まる所でもあった．そのなかでもとくに注意を惹く美しい山が神体山（神奈備）とされ，神々や諸霊の鎮まる山として信仰された．その頃カミは祭祀のあいだだけ祭場に留まるとされ，一定期間祭りがおこなわれ，祭りの終了とともに帰っていくと考えられた．社殿出現以前のカミ祭祀は，その後のやり方から推し量ってつぎのような手順でおこなわれたのではないかと思われる．すなわち祭りは一定の神聖な場所が祭場とされ，神籬や磐座などを依代にしてカミが降臨し，カミが降ると，土器に盛った神饌が供えられ，玉や器物が幣帛として捧げられ，つぎに祭司が祝詞を唱え，最後に神饌を全員で飲食する直会がおこなわれる，という具合に．その後，農耕の発展とともに，

神霊は春に人里近くに招かれて祭祀がおこなわれ，その後里に留まって稲の成長を見守り，秋祭りで新たに稔った稲が供えられて山に帰って行くようになったのではないだろうか．

ところでこの信仰形態において，ある期間里に留まった神霊が，やがて常住するようになり，社殿をもつ神社の出現につながっていく．社殿出現の正確な年代確定は困難であるが，おそらく仏教にともなう建築技術の伝来と深く関係すると思われる．そして里に常住するようになった神霊は，その里に住む氏族の祖霊崇拝と結びついていく．すなわち氏神としての性格をもつようになっていくのである．このような信仰形態が，律令制度において神祇信仰として整備されていくのである．

1-2 神祇制度の確立

天武天皇（位：673-686），持統天皇（位：690-697）の時代を画期として律令体制が整備され，大宝律令（701年）や養老律令（718年）の制定にともなって神祇信仰や仏教僧尼が国家による認定，規制を受けることとなった．神々にたいする信仰は「神祇令」によって規定され，神祇官を中心にして天神，地祇を祀る神祇制度が確立した．「神祇令」によると春におこなわれる祈年の祭りと夏と冬の月次の祭りには，神祇官のもとに集められた主要神社の祝部たちに稲穂などの幣帛が頒布された．この神祇制度は社会経済的には，祈年，月次といった祭りにさいし神祇官のもとに参集した諸国の祝部たちに皇祖神の霊力が宿る稲穂を頒与することにより，その稲穂を種籾として稔った作物にたいする感謝という仕方で租税を安定的に徴収しようとするものであったと考えられる（義江彰夫『神仏習合』31頁以下参照）．また神祇制度が確立する頃には，社殿をもつ神社が出現していたと推測される．

1-3 記紀神話

神祇制度が整えられている頃，壬申の乱（672年）に勝利した天武天皇，さらに持統天皇の時代に記紀の編纂が開始され，元明天皇（位：707-715），元正天皇（位：715-724）のときに完成を見た．記紀神話に収められた神話は仏教などの伝来以前に起源を有するものも多いが，記紀神話として文字化されるさいに

仏教などを含む中国文化による変容を被ったことは強く意識しなければならない．記紀神話は天皇支配の正当性を基礎づけるという明確な意図をもつ．『古事記』の神話は「天地初めて発けし時，高天原に成れる神の名は〔…〕」という天地開闢から始まり，イザナギとイザナミによる国土の産出へと続く．さらにイザナギの黄泉訪問からの帰途，ケガレを祓ったときに生まれたアマテラス，スサノヲによる天上と地上の秩序作りが続き，最後に天孫降臨によって神武天皇の世へと至っている．このように日本の神話は天皇という独特の王権と結びつくものであるが，そのモチーフ自体はけっして日本固有のものではなく，世界の他の地域，とりわけ東南アジアやオセアニアの神話と関連したものである，との指摘がなされている（大林太良『神話と神話学』168頁参照）．

2　仏教などの伝来

2-1　仏教の伝来

　日本に仏教が公式に伝えられたのは，『元興寺伽藍縁起 并 流記資財帳』などによると538年（『日本書紀』では552年）で，そのとき百済から仏像，仏具，経典が伝えられたとされる．また同時期に儒教も伝えられた．この伝来によって文字が伝えられたわけで，このことが日本の文化，宗教に決定的な意味をもつことになった．とりわけ仏教は世界レベルの思想体系，文化体系であり，農耕儀礼の域を出なかった日本人の原初的な信仰は強い刺激を受け，やがて「神道」として体系化されていく方向へと向かうのである．

　おそらく最初期の仏教の受容は，哲学体系としての仏教を理解したうえでのものではなく，さしあたって仏教は日本の神々と同じレベルで受容されたようである．そして最初期における仏教にたいする崇拝は，仏教にたいするというよりも，むしろ仏像にたいするものでもあったようだ．日本仏教の黎明期において特筆すべき人物は厩戸皇子（聖徳太子，574-622）である．皇子の言葉として伝えられる「世間虚仮，唯仏是真」は，皇子の仏教理解の正確さを表している．

2-2　儒教の伝来

　『日本書紀』は応神天皇15年（5世紀前半？），百済の使者阿直岐が「経典」

を読み王仁が「 諸 の典籍」を教授したと記すが，これを史実と見なすには無理があろう．むしろ513年の百済からの「五経博士」派遣を儒教の初伝と考えるべきであろう．そもそも儒教はシャーマニズムに端を発し孔子（前552/551-479）によって大成された．儒教の根本概念の一つ「孝」はその本質を生命論にもっており（加地伸行『儒教とは何か』21頁以下），その生命論にとって祖先祭祀は重要な意味をもつ．孔子は混乱の続く春秋戦国時代（前770-前221）にあって孝を基にした道徳（礼）の実践を理想とする倫理体系を構築しようとした．儒教は前漢時代（前202-後8）に体制維持に資する経学として国教となったが，後漢時代（25-220）には神秘的な緯学が加わり道教と結びつくことになった．また家族倫理の中心となる「孝」にたいして公的な「忠」は中国の官僚体制のなかでも重視され，この君臣関係の基本としての忠は日本の封建体制を支える根本概念となった．また日本の近世以降の祖先崇拝の拡がりは，儒教と仏教との結合に依るところが大きい．

2-3　道教

道教は中国人のあいだから自然発生的に起こったものである．その最大の目標は「不老長生」で，呪術宗教的性格をもち，現世利益を求める．道教教団としての始まりは，後漢末の太平道と五斗米道に見られる．重要な経典としては，老子の作とされる『道徳経』，葛洪（283-364）の『抱朴子』などがある．とくに『抱朴子』には道教の重要な教えである「神仙思想」が説かれている．道教はアニミズムを中心とする民間信仰に，道家，易，陰陽五行，占星などが組み合わされており，ある時は仏教に習い，またある時は仏教と対立しながら体裁を整えていった．道教はおそらく奈良時代までには日本に伝わり，陰陽道と結びついて日本の宗教に深く浸透した．

3　仏教の展開

このように6世紀に日本に伝えられた仏教と儒教，少し遅れて伝わった道教，そしてそれ以前からのものと思われる天神地祇にたいする崇拝が相絡まって日本の宗教・文化が形成されていくことになる．日本の宗教史を俯瞰するとき，

その牽引役はどこまでも仏教であった．日本の仏教史はインドの言葉で書かれた仏典の中国語訳である「漢訳大蔵経」に基づいて，そして中国で書かれた論書なども受容しつつ総合文化体系として展開した．奈良時代の仏教は国家仏教，学問仏教の性格が強いが，平安時代初期に空海によってもたらされた真言密教の隆盛が仏教全体の密教化へと導き，さらに密教は神祇信仰とも結びついて仏教の民衆化へとつながった．また最澄によってもたらされた天台教学を基に比叡山に大乗仏教研修センターが開かれ，そこで学んだ人たちを中心に鎌倉新仏教が産声を上げたが，この新仏教が民衆のあいだに浸透するのは南北朝以降である．また江戸時代の檀家制度に基づく仏教，封建制度を下支えする仏教はそれ以降現代に至るまでの日本仏教のあり方を決定することになった．

3-1 国家仏教として――仏教伝来から奈良時代まで

仏教は伝来以来長く，国家による国家のための仏教，鎮護国家の法として展開した．とりわけその特徴が顕著なのは奈良時代である．護国の法としてもっとも尊ばれたのは『金光明最勝王経』で，そこでは四天王による護国が説かれており，この経典に基づいて国家を護持すべく「金光明四天王護国之寺」，すなわち国分寺（国分僧寺）が聖武天皇によって発願された．また奈良時代の仏教は「南都六宗」（三論，法相，華厳，律，成実，倶舎）と呼ばれ，これらの教学が遣唐使によって中国で学んだ僧たちおよび来日した中国僧たちを中心に大いに学ばれた．とりわけ聖徳太子の遺願による「百済大寺」を引き継ぐ大安寺は，国の筆頭寺院として900人にも及ぶ学僧を擁し，仏教研究の中心的役割を担った．しかし何といっても奈良時代における仏教隆盛を示す出来事は，聖武天皇による国分寺，国分尼寺（法華滅罪之寺）の創建であろう．聖武天皇は741年，新都恭仁宮で詔を発し，全国に国分寺，国分尼寺を建立することを発願した．またそれら国分寺の総本山として平城京の東に盧舎那大仏を本尊とする東大寺が建立され，仏教伝来から200年目に当たる752年には，僧侶1万人を招請するかつて例を見ない大仏開眼大法要が営まれた．

奈良時代の仏教は「護国を目標とする国家仏教として，仏教の学問的研究を柱に栄えた」と評される．国家仏教と学問仏教，この二つの特徴はたしかに奈良時代の仏教の性格を言い当てている．しかしそれだけであろうか．国分寺・

国分尼寺の建立は民衆を救うという目的をもっていたはずである．民衆とともに歩んだとされる行基の活躍，それは例外的なことなのであろうか．この疑問は簡単に払拭すべきではないと思われる．

3-2　密教化する仏教──平安時代から鎌倉時代まで

　仏教は平安京遷都を機に様相を変えていく．平安時代の仏教を性格づけるキーワード，それはまさに「密教」であり，この時代は密教一色に塗りつぶされた──もちろん平安時代後期には浄土念仏などさまざまな動きが出てくることになるのではあるが．そしてこの密教化に決定的な足跡を残したのが空海である．密教が多くの仏たちを許容する包容力のゆえにそれまでの神祇信仰をも取り込んだことは，仏教の民衆化という点で大きな意味をもった．密教一色の観がある平安仏教であるが，その先駆けとして，大乗仏教精神の普及をめざした最澄の活躍は特筆に値する．たしかに最澄，空海は仏教民衆化の第一歩であった．しかし平安時代もそれ以降も国家主導の仏教であったことに変わりはない．ここではまず最澄の活動から見ていくことにする．

1）最澄

　伝教大師最澄（767-822）は近江国滋賀郡の出身で，東大寺での受戒（785年）とともに比叡山にこもり，797年に天皇に近侍するまでは比叡山で修行の日々を送った．804年，還学僧（短期留学生）として唐に渡り天台の付法を受けたが，帰国前には密教の灌頂も受け密教経典も持ち帰った．帰国後の806年には年分度者（正式の得度者）二名を認められて日本天台宗の開創となったが，その二名のうち一人は止観業（天台）もう一人は遮那業（密教）と定められたことが，密教との関わりで最澄を苦しめることとなる．すなわち朝廷により最澄に求められたのはむしろ密教的呪術であり，この求めにたいして空海に教えを請うという形で対処しようとしたが，このもくろみはやがて空海の拒絶に遭って破綻することになる．

　最澄の活動において特筆すべき事績はつぎの二つであろう．まずは法相宗の徳一との論争，「三乗か一乗か」という論争である．ここで三乗とは小乗の声聞，縁覚および大乗の菩薩という三つであり，それらは唯一の真理に帰着するというのが一乗である．最澄の拠って立つ『法華経』の立場は，「三乗は仮に

説かれたものであり，ただ一乗しかない」というものであり，これにたいして南都旧仏教を代表する徳一は，衆生の能力が事実上異なることを根拠に一乗の立場を否定する．この論争は両者のあいだで決着を見たわけではないが，その後の日本仏教の流れからすると，衆生が平等に成仏できるとする一乗の立場は，のちに本覚思想とも相俟って日本仏教の主流となっていく．そしてつぎに挙げるべきは大乗戒壇創設へ向けた努力である．最澄は『梵網経』に基づく大乗戒によって授戒をおこなう戒壇院の設立に尽力したが，生前には叶わず，死後 7 日目に嵯峨天皇より勅許を受けた．のちに 828 年，第 1 世義真により戒壇院が創建された．

2）空海

弘法大師空海（774-835）は讃岐国多度郡の佐伯氏（身分は正六位上）出身．都の大学で学び始めたが数年後に中退し，その後私度僧（正式な手続きを経ていない僧）として山林修行に励み，雑密系の虚空蔵菩薩求聞持法を修したといわれる．804 年，東大寺戒壇院で具足戒を受け留学僧（20 年滞在予定）として最澄と同じ遣唐使で唐に渡った．密教には『大日経』（胎蔵界曼荼羅）と『金剛頂経』（金剛界曼荼羅）との二つの系統があったが，その両者を統合した青龍寺の恵果にその才能を認められ，後継者として胎蔵・金剛界の灌頂を受けた．留学を 2 年で切り上げて帰国した空海は，嵯峨天皇が即位した 809 年に入京し高尾山寺（のちの神護寺）に入った．それ以降空海は嵯峨天皇に引き立てられ，816 年には高野山の下賜を願って許され，また 823 年には東寺が給預されている．また密教の師に請われるという形で最澄との交際を続けたが，両者の関係は 813 年に終わりを告げる．おそらく顕教（密教以外の仏教）にたいする密教の優位を説き密教のみに依ろうとする空海と，法華経と密教との両立をめざす最澄とは原理的に相容れないものがあったのであろう．空海は真言密教を弘めるばかりでなく，治水事業や教育（綜芸種智院）にも尽力し，835 年 3 月 21 日，高野山奥の院で入定して 62 年の生涯を閉じた．

3）比叡山の発展

空海の偉大さゆえにその後の展開に陰りが見える高野山に比して，比叡山の発展は目を見張るものがある．最澄の段階で空海に後れをとった密教部門は，入唐して密教をも学んだ円仁，円珍によって充実したものとなり，安然にい

たっては天台教学にたいする密教の優位に基づく台密理論の完成を見た．その
のち比叡山の発展に大きく寄与したのが元三大師とも呼ばれる第18世座主 良
源 (912-985，座主：966-985) である．良源は藤原師輔の外護を受けて火災後の比
叡山諸堂を復興整備し，祇園社その他を延暦寺の末寺・末社として叡山中興の
祖と呼ばれた．また「二十六箇条起請」を作成し，僧の守るべき内容を定めた
りもした．円珍のころより始まった藤原摂関家との結びつきは良源にいたって
より強固となり，比叡山は南都の興福寺とならぶ大きな荘園領主となった．ま
さに「寺社勢力」である．

① 密教化する天台

慈覚大師円仁 (794-864) は遣唐使として足かけ10年におよぶ唐での求法生
活で天台教学のみならず密教をも学んだ．帰国後比叡山に帰り第3世座主とし
て最澄以来の法華円教（完全な教えとしての法華経）と真言密教との一致を旨とし
て比叡山の天台を指導した．また円仁の書いた『入唐求法巡礼行記』は当時の
中国を知るうえでも貴重な資料である．さらに智証大師円珍 (814-891) は佐伯
氏出身の母を通じて空海の血縁に連なる．比叡山第1世義真を師として修行に
励み，入唐して足かけ6年にわたり主として密教を学んだ．やがて第5世座主
として延暦寺を指導するとともに園城寺を天台別院とした．円珍もまた密教を
重んじつつ法華経との統合（円密一致）をめざした．そしてついに安然 (841-?)
というその没年さえ知られない碩学によって法華経の優位に基づく天台教学が
否定され密教の優位が明確に打ち出されることになる．しかしそのことは天台
から真言へと移行が図られたというわけではなく，密教の優位を取り込むより
大きな立場からの新たな天台理論が構築されたというべきであろう．

② 叡山浄土教

日本における阿弥陀浄土信仰は空也 (903-972) を経て源信によって本格化す
るが，その背景として，源信が学んだ比叡山でおこなわれていた常 行 三昧を
見逃してはならない．常行三昧は天台智顗 (538-597) が始めた四種三昧の一つ
で90日間念仏を唱え続ける行である．この常行三昧を日本にもたらしたのは
円仁であり，円仁は中国五台山竹林院でおこなわれていた五会念仏を，善導の
弟子法照から学びそれを日本にもたらし，比叡山で常行念仏をはじめた．常行
三昧は，年分度者にたいして四種三昧の一つとして義務づけられたが，やがて

良源によって東塔・西塔・横川の三箇所の常行堂で同時に法会が営まれるように
なって，修行法としての意味を失い，極楽往生を願う法会と化していった．
この常行念仏は「山の念仏」とよばれた．『往生要集』(985 年) によって阿弥
陀浄土信仰の全盛時代をもたらした源信（恵心僧都，942-1017）は，良源の高弟
の一人であった．比叡山中興と仰がれる良源であるが，良源自身にも浄土教に
関する著述があり，また源信が『往生要集』を執筆したのは，まさに良源が天
台座主のときであった．

　ところでこの『往生要集』は，穢れに満ちたこの世（穢土）を棄てて浄土を
求めるべきだとするモチーフに貫かれており，人間のもつ大罪からの修行を通
した救済を目指す『浄土三部経』の思想とも異なる，日本独自のものというこ
とができる．奈良時代後半から平安時代にかけて，神祇信仰は仏教の助けを借
りて普遍化と論理化を進めてきたが，その普遍化と論理化の核ともいうべきケ
ガレ忌避観念と浄土信仰とが結合したものが『往生要集』であるということも
できる．

　③修験道への方向づけ

　密教は修験道の前提となる．というのも多くの仏たちを包み込む密教は，日
本古来の山岳崇拝とも結びついて修験道への展開を可能とするからである．円
仁の弟子相応（831-918）は回峰行の始祖とされる．また同時代に活躍した理源
大師 聖 宝（832-909）は醍醐寺を建立し修験道中興とされる．

　4）　顕密仏教が主流の鎌倉時代

　平安時代末期から鎌倉時代には新しい仏教がいくつも生まれた．にもかかわ
らずその時代を「密教化する仏教」としても扱うことができるのは，それら新
仏教はまだ萌芽的なものであり，このころはまだ伝統的な顕密仏教が主流だっ
たからである．

　鎌倉時代に芽生えた新仏教こそ日本仏教史の華である――かつてはこのよう
に見なされてきた．しかしながら現在では，平安時代にこそ日本仏教の基礎が
築かれたのであって，鎌倉新仏教はその「応用的な発展」に過ぎないという見
方が支配的である．末木文美士は，「実は日本の仏教思想の基礎は最澄・空海
などの平安初期にほぼ確立したのであり，鎌倉仏教を含めて，その後の思想的
発展はその基礎の上に立って応用的に展開したものと見ることができる」(『日

本宗教史』51頁）と述べるが，まさに的を射た見解である．とはいえ一挙に開花した鎌倉新仏教は新たな時代の幕開けでもある．私たちは鎌倉新仏教を，民衆化する仏教の助走として扱おうと思う．

3-3　民衆化する仏教——南北朝から安土桃山まで

　南北朝から室町時代にかけて，日本の歴史は大きな変革期を迎える．そのことと平行して，平安時代の終わりごろから鎌倉時代にかけて新たに興った仏教は徐々に大きな勢力となっていった．この新しい勢力を「民衆化する仏教」と呼ぶことができるだろう．つまり外来宗教としての仏教は，国家主導の仏教から，民衆による民衆のための仏教へと変貌を遂げるのである．この仏教の民衆化に大きなエネルギーとなったのは，すべての衆生が仏性をもつとする「本覚思想」である．本覚思想は天台の一乗思想が発展したものと捉えることができる．

1）　助走としての鎌倉新仏教

　鎌倉新仏教に関しては，日本仏教を特色づけるものとしてこれまで多くの論述がなされてきた．とりわけここで取り上げる法然，親鸞，栄西，道元，日蓮はみな比叡山で学び，比叡山の天台教学，密教を吸収しそれを批判するという形でそれぞれの主張を展開した．この5人に共通するのは，人々の平等の救済をめざしたということである．この目標はこれまでの天台，真言になかったわけではないが，末法の時代を背景により鮮明に打ち出されたということである．またそれらの人たち以外にも，菩提心を重んじ実践を重視した明恵（1173-1232）や戒律復興運動を起こした叡尊（1201-1290），忍性（1217-1303）など忘れられない人たちは多くいる．

①浄土教

　私たちはすでに浄土教のルーツとして叡山浄土教を取り上げた．まだ自力の面が残る源信にたいして法然（1133-1212）は，阿弥陀仏による他力救済を説く．法然は阿弥陀仏の名を声に出して唱える称名念仏のみによる，すなわち専修念仏による万民救済をめざした．その主張は『選択本願念仏集』（1198年）や『一枚起請文』（1212年）から明確に読み取れる．また他力救済をさらに徹底させ阿弥陀仏の本願にたいする信仰を重視するのが親鸞（1173-1262）である．親

鸞は約 20 年にわたる比叡山での仏教研修に見切りをつけ，六角堂での参籠の末に聖徳太子の夢告により，1201 年法然の門に入った．浄土教への弾圧により法然と同時期に流罪となったが，流罪の地越後で恵信尼と結婚し子をもうけ，「非僧非俗」として赦免後も京都へは帰らず関東で布教を続けた．主著とされる『教 行 信 証（顕浄土真実教行証文類）』はおもにそのあいだに書かれた．1235 年，京都に戻った親鸞はその後も専修念仏の日々を送り著述活動を続け，人々を念仏信仰へと導いたのであった．阿弥陀仏という一つの仏のみが人々を救済するという真宗の教えは，救済宗教であるキリスト教に通じるものがあり，近世の思想につながるものであった．

　②禅仏教

　禅はすでに法相宗の道昭（629-700）や唐僧道璿（702-760）によって伝えられていたが，本格的に伝えたのは栄西（1141-1215）である．栄西は二度にわたる入宋で臨済禅を学び，帰国後は日本最初の禅寺を開いたが，天台僧たちの攻撃を受け，停止に追い込まれる．禅停止の命を受けて書かれたのが『興禅護国論』（1198）で，ここでは国家鎮護にたいする禅の重要性を説きつつも天台との妥協を図らざるをえない主張も見られる．この妥協は栄西が開いた京都初の禅寺である建仁寺が天台・真言・禅の兼修道場であったことにも窺われる．禅が独立した教えとして認められたのは蘭渓道隆（1213-1278）以降である．蘭渓道隆は南宋より 1246 年に来日し鎌倉五山の建長寺を開くなど日本の禅発展に深く関わった．

　また栄西の高弟明全に師事した道元（1200-1253）は明全とともに入宋し，天童山で如浄に出会いさとりの境地である「身心脱落」を経験したと伝えられる．帰国後，最初は京都で活動し，やがて（1243 年）越前に永平寺を開いて弟子の指導に努めた．道元の禅は，公案を通じてさとりを求める臨済の看話禅にたいして，禅の修行そのものがさとりであるという修証一如の立場に立ち，ただ坐るという只管打坐にさとりを見るものである．主著『正法眼蔵』は哲学書としても高く評価されている．

　③法華仏教

　『法華経』の至上を標榜する日蓮（1222-1282）は千葉県のおそらく武士階級の出身で，比叡山に学び，1253 年に立教開宗を宣言した．他宗批判のため政権

より迫害を受け，とりわけ1271年，忍性との確執から佐渡流罪という厳刑を蒙ったが，それによりかえって信仰が深まり，その地で主著となる『開目抄』『観心本尊抄』を続いて執筆した．約3年後に許されて鎌倉へ戻り，そののち甲斐の身延山で門弟の育成に努めた．

　日蓮がそれのみに依る『法華経』は，もともと天台教学においてもっとも重要な経典とされたものである．しかし日蓮は天台で重視された『法華経』前半（迹門）の一乗思想よりもむしろ，後半（本門）の「久遠本仏としての釈迦仏」の考えを重視する．この考えは「永遠なる神」を標榜するキリスト教にも通じるものであることは前章5節で考察した．

　2）　南北朝以降──新仏教の展開

　後醍醐天皇から南北朝時代を経て仏教がというよりむしろ日本の歴史が大きく転換する．そしてこの時代転換を経て大きくなった民衆の力が，仏教を支えるエネルギーとなっていく．鎌倉時代に産声を上げた新仏教が勢力を拡大するのはこの時代である．例えば禅は武家政権に重んじられ，武士の精神的支えとしてその存在意義を確立していく．しかし何といっても民衆化という観点でいえば，特筆すべきは真宗教団と法華教団の躍進であろう．

　①真宗教団の勢力拡大

　真宗教団の勢力拡大には目を見張るものがある．そしてその拡大を支えた最大の功労者は本願寺第8世蓮如（1415-1499）である．本願寺は親鸞の末娘覚信尼が親鸞の墓である大谷廟堂を創建したのに始まる．覚信尼は廟堂を護持する「留守職」となったが，廟堂はやがて本願寺に，留守職は門主となった．その第8世が蓮如である．蓮如は「御文（御文章）」と「名号本尊」の下附という方法で教線を拡大した．その後もとくに農民の門徒化を基盤に本願寺勢力は戦国大名に並ぶものとなった．

　②法華教団の勢力拡大

　日蓮の教えは，日像（1269-1342）によって京都にもたらされた．その後，農民に浸透した真宗教団にたいし法華教団はとりわけ町衆へと拡がった．15世紀後半から16世紀はじめ，京都は法華の巷と化したが，それを妬んだ比叡山の僧侶などによる襲撃（天文法華の乱，1536年）によって勢力が衰えた．

３）　葬式仏教の始まり

　近世以降の日本仏教の主流となるいわゆる葬式仏教は，意外にも「只管打坐」を標榜する道元の流れ，すなわち曹洞禅から起こった．曹洞禅では室町時代，修行半ばで亡くなった修行僧にたいし，儀式を通じて修行を早め完成させるということがなされたが，このやり方を敷衍することから在家者の葬儀が始まった．在家者の葬儀はその後，江戸時代の檀家制度下で一般化することになる．

4　神仏習合の展開

　前項で仏教の展開を少し詳しく追った．日本古来の神祇信仰はこの展開に導かれる形で教義を形成していく．神仏習合という形で．神仏習合とは，日本古来の神祇信仰と世界宗教である仏教との関わり，結びつきを意味するが，両者には道教や陰陽道も絡まっており，これらが関係し合って日本独特の宗教形態が醸し出されている．この宗教形態の牽引役はいつも仏教であった．神仏習合は 8 世紀後半から 9 世紀半ばにかけての，神宮寺出現に端を発すると考えられる．

4 - 1　神仏習合とは
１）　奈良時代の神仏習合思想

　奈良時代という仏教が隆盛した時期に神仏習合の萌芽が認められることは，けっして偶然ではない．というのもこの時期の神仏習合は，あくまでも神の側が仏へすり寄るという事態だったからである．村山修一は，奈良時代の神仏習合的傾向として「天照大神＝大日如来＝盧舎那仏の神仏同体思想」，「仏にたいする神の関係を護法善神的にみる思想」，「神は煩悩の衆生で仏道を求め解脱を願うものとする神祇実類観の思想」の三つを挙げている．村山は，最初の二つは東大寺建立にさいし支配者層が政策として打ち出した解釈でもあり，それにたいして神を実類（煩悩の衆生）と見る最後のものは僧侶が地域社会に仏教を浸透させる方便であったと見なすが，的を射た見解である（『本地垂迹』47 頁以下参照）．ここではとりわけ最後のものに焦点を当てて見ていこう．

 2）　神宮寺の出現

　8世紀後半から9世紀にかけて，全国各地で，地域の信仰を集める大神がつぎつぎと，神の身を離れ（神身離脱）仏教への帰依を求めるという神祇実類観の事例が見られるようになった．この動きを受けて，仏教遊行僧などの活躍により，神社の一隅に菩薩形の神像を安置する堂宇（神宮寺）が建てられるようになる．例えば多度神社（三重県桑名市）の多度大神の場合，『多度神宮寺伽藍縁起 幷 資材帳』（788年）のなかに，「我は多度の神なり．吾れ久劫を経て，重き罪業を作し，神道の報いを受く．今異〔 冀 〕ば永く神の身を離れんが為に，三宝に帰依せんと欲す」（『多度町史』資料編1，26頁．なお漢文の読み方は義江彰夫『神仏習合』11頁に従い，「異」を「冀」と読む）という記述が見られる．多度神社はもともと多度山を神体山とする信仰に端を発するが，763年，満願（万巻）禅師は多度山の南辺を伐りはらって小堂を建て，そこに菩薩形の神像を彫り安置した．こうして多度神宮寺が出現したのである．

　この神宮寺出現の理由として伊藤聡は，「地域社会に仏教が本格的に浸透してきた」ことと「在来の神祇信仰と仏教との対立が顕在化しつつあった」ことを示したうえで，神身離脱の記事が中国の仏教文献のなかに存在するという吉田一彦の主張を紹介している．そしてこのような事実を踏まえて「やはり，この事柄は，東アジア世界における仏教伝播・受容の問題として，中国や朝鮮半島諸国の事例と比較しながら考えていく必要があるだろう」（『神道とは何か』41頁以下）と結んでいる．神仏習合，神宮寺出現といった日本固有と思われがちな事柄に関しても，日本古代史のさまざまな出来事と同様，日本一国の問題として扱っていくことは不可能なのである．

　また神宮寺出現の遠因を探ってみると，まず1-2で見た律令体制の租税収集システムが，723年の三世一身法，743年の墾田永年私財法におけるように8世紀中頃からの土地私有の進行とともに弱体化したことが挙げられる．新たな土地所有者たちは，仏教寺院との関係を強化した神宮寺に寄進し，その神宮寺を朝廷公認のものとすることによって，みずからの土地所有を国家に認めさせることをもくろんだのである．さらに大乗仏教独特の考え方がこの寄進を後押しすることになる．すなわち仏教は，人間の苦悩の原因を人間のもつ執着，所有欲のためであるとし，所有を放棄することを勧めるが，大乗仏教では，み

ずからが所有を放棄しなくても，仏道修行に励む出家者に布施することによっても，苦悩からの解放の可能性が開かれていることを説くからである（義江彰夫『神仏習合』第 1 章，第 2 章参照）．

3）　神変思想

さらに仏教が神祇信仰と結びつく形で広まった理由として，もともと仏教が神祇信仰と結びつきやすい性格をもっていたこと，この性格は大乗仏教の「神変（神力）」という考えに基づくことが挙げられる．神変とは前章 2 - 2 で見たように如来のもつ神通力のことであり仏教が神信仰と結びつくことを示すものである．初期大乗経典の『法華経』にはすでにこの思想が含まれているし，奈良時代に聖武天皇が東大寺に取り入れた「華厳思想」にもこの思想が顕著に認められる．このためもあって中国においてすでに，仏教が道教などと習合していたのである．

4 - 2　八幡神

八幡神は神仏習合の展開において主導的な役割を演じたのみならず，朝鮮半島由来の神でありながら日本でもっとも多く祀られている神でもある．八幡神はもともと新羅系の渡来人たちによって祀られていた，仏教と道教とが融合した神であった．したがって八幡神ははじめから仏教的要素をもっていたのであるが，その神に応神天皇の霊が付与され，やがて皇室守護神へと発展する．しかし八幡神は，豊前国宇佐の地で成立したことからも，おそらく豪族宇佐氏による神体山（御許山）信仰にその源をもつものであろう．

八幡神の展開はつぎのような段階が考えられる（逵日出典『八幡神と神仏習合』参照）．そもそも九州北部では新羅系の渡来人秦氏一族によって，香春の地に新羅国の神が祀られていたが，この神は道教と仏教とが融合したもので，強い呪術性をその特色としていた．秦氏一族の辛島氏は 5 世紀末に宇佐地方に進出し，宇佐氏の御許山信仰を取り込む形で新羅神を定着させていったようである．6 世紀はじめ，宇佐氏は筑紫国造磐井の乱に荷担して敗れ，宇佐平野を去ることになる．代わってこの地には 6 世紀後半，大神氏が入り，辛島氏とともに宇佐平野に住みついた．大神氏は，おそらく大和国で三輪山の神を奉斎する大神氏の一族で，皇室と深い関わりをもつ大神氏は宇佐の新羅神に応神天皇霊を付

与し，しだいに辛島氏を服従させていった．ここに八幡神の成立を見ることができ（6世紀末），宇佐の地の鷹居社に創祀された．ついで8世紀のはじめ小山田社に遷座した八幡神は，719年から翌年にかけて勃発した隼人の反乱の鎮圧に大きく貢献することとなる．とりわけみずから隼人征伐に加わった僧法蓮のように，宇佐氏の残存一族と思われる人たちの働きには特筆すべきものがあり，この反乱鎮圧を通した宇佐氏の復活が考えられる．また彦山修験で名高い法蓮と結びつくこととなった八幡神は，弥勒信仰（来世信仰）も加わり，より仏教的な呪術性を含み込むこととなった．この仏教化の方向で725年，八幡神は現在の小椋山に遷座したが，それと同時に境内外に神宮寺が二箇所に創建され，これらは738年に境内に統合されて八幡神宮弥勒寺とされた．

ところで聖武天皇は国分寺・国分尼寺の詔に続いて743年，大仏造立の詔を発したが，これにたいして八幡神は託宣を発して大仏造立への全面的な協力を約束する．八幡神は749年に大仏造立援助のため平城京に迎えられ，盛大な仏式の大法要が催された．さらに奈良時代末期には，八幡神に菩薩号が奉献され，また大仏守護のために東大寺の傍らに鎮守八幡宮（現在の手向山八幡）が建立された．さらに769年の道鏡事件のさいには八幡神の託宣が皇位を決定するものとなり，八幡神が国家の大事を決する威力をもつという位置づけがなされた．その後八幡神は平安時代には洛南西の岩清水に勧請されて王権の守護神に，鎌倉時代には鎌倉の町が鶴岡八幡宮を中心に造営され八幡神は武士の守護神となった．以上のように八幡神はもともと外国の神でありながら，皇室の守護神として，武士の守護神として，国家を鎮護する役割を与えられて大いなる尊崇を受けることとなったのである．

4-3　陰陽道

陰陽道は中国古代（漢代）の陰陽五行説に基づくもので，陰陽と五行によって宇宙のすべてを説明しようとする理論である．陰陽説は易に由来し，万物を陰と陽とで説明しようとする，現在の二進法の考え方に通じるものである．五行とは木，火，土，金，水であり，それぞれを兄と弟に分けた甲・乙，丙・丁，戊・己，庚・辛，壬・癸が十干である．これらと十二支すなわち子，丑，寅，卯，辰，巳，午，未，申，酉，戌，亥を組み合わ

せて宇宙の運行を説明しようとする．陰陽道について村山修一は，「陰陽道（易）は，中国太古に生まれた漢民族の思想文化の一つである．この“考え方”は，天文を観測して国家社会や個人の未来を吉凶判断する技術（方伎）的分野と，卜占という宗教的分野とからなる．それは，古代漢民族の宇宙観を支える原始的科学であったともいえるだろう．〔…〕日本での陰陽道は中国と違って，ふたつあるその分野のうち，宗教的な卜占に重点が置かれた」（『修験・陰陽道と寺社資料』291 頁）と述べる．つまり陰陽道は天体の運行という宇宙の動きが人間（社会）の動向と関わりをもつという考えであるが，この天体の運行はけっして観念的なものではなく客観的な観測を通じて見られるもので，陰陽道は科学という性格をもち，天文，暦，時刻といった分野を支配した．そのため宗教的卜占といっても科学的基礎をもつことになったのである．

　日本の宗教は仏教と神道が結びついた神仏習合が柱となっているが，じつはこの両者の関係には隠れた形ではあっても深く陰陽道が入り込んでいる．陰陽道は仏教伝来と相前後して百済より公式に伝えられた．天武天皇は陰陽道を国家の中枢に取り入れ，676 年に「陰陽寮」を設置し占星台を作った．大宝律令においても国政の中枢となる中務省に陰陽寮が置かれ，陰陽師が天文を観測して暦をつくった．天体の運行においても，また信仰という点においても北辰（北極星）が中心に位置する．朝廷に陰陽道が本格的に導入されたのは奈良時代末期，吉備真備によってである．陰陽道は，道教の呪術を取り入れていき，平安時代半ば以降は賀茂家（のちの勘解由小路家），安倍家（のちの土御門家）によって独占されていく．密教と陰陽道とが習合した宿曜道も日本的な陰陽道の特色を表している．また妙見菩薩と同じく北極星にたいする信仰から来る大将軍神や，素戔嗚尊と同体とされる牛頭天王をまつる祇園社なども陰陽道と深く関わっている．

4-4　御霊信仰

　奈良時代末，平安時代初頭以降，政争敗死者，王権反逆者の怨霊が人々によって祀られるようになり，民衆のあいだで怨霊が御霊として祀られる御霊会が催された．そのさい人々は，災害による飢饉や疫病の流行を怨霊の祟りと見なした．災害と怨霊とのあいだに因果関係が想定されたのは，とりわけ

大きな被害が予想される京洛を中心とする都市においてであった．この因果関係想定に至った背景として，神宮寺出現と相まって神祇信仰の人格神化が進み，人格神の観念が広まることによって，災厄の原因が漠然とした神祇の働きではなく特殊な人格神の作用として受け取られるようになっていたことが挙げられる．御霊信仰においては，怨霊に対抗しうるパワーをもつ密教が重要な役割を果たした．御霊を祀る御霊会は反王権の社会運動として盛んになるが，その代表は天神＝道真怨霊である．しかし道真の怨霊は，村上天皇（位：946-967）のころから王権の守護神に転じていく．御霊信仰は大きくつぎの三つに分けられる．

1） 御霊社系の御霊信仰

王権反逆者，政争敗死者の怨霊を祀る法会，御霊会が民間から起こり，民間を主体として広まった．御霊とされた人物に，早良親王（桓武天皇の同母弟，785年断食死），伊予親王とその母藤原吉子（807年服毒死），藤原仲成（薬子の兄，810年射殺による死），橘逸勢（承和の変で842年流罪途中病死），文屋宮田麻呂（冤罪により死亡）などがいる．そしてついに863年には，王権の側で大規模な御霊会が催されるに至った．

2） 祇園社系の御霊信仰

876年の疫病の大流行のさいに，占いにより牛頭天王の祟りであるとされ，祟りを鎮めるために祇園社が建てられた．牛頭天王は外来の疫神で，やがて宿曜道に取り入れられた．また牛頭天王はやがて素戔嗚尊とされた．

3） 天満天神

菅原道真（845-903）はその有能さが評価され右大臣に昇りつめたが，左大臣藤原時平（871-909）の讒言により太宰府に左遷され，その地で横死した．そののち時平をはじめ一門に災難が続き，また天変地異も多発したが，人々はこれを道真の怨霊による祟りと捉えた．とりわけ930年には清涼殿に落雷があり，そののち醍醐天皇が崩御した．このような状況のなかで天神信仰が起こり，道真の怨霊は大日如来の化身である帝釈天の弟子，観自在天神にあたるとされ，落雷は道真霊＝天神の使者である火雷火気毒王によると考えられた．942年，多治比文子に道真の神託が下り，その5年後，道真霊は北野の地に正式の社を建立して祀られることとなった．

4-5　本地垂迹説

平安時代後期から中世にかけ，神仏同体思想に基づいて仏教を「本地」，神々を仏・菩薩の化身＝垂迹として説明する「本地垂迹説」が広く普及した．本地垂迹説は，仏教のうちに神祇信仰を取り込もうとする，仏教側の教義体系である．また本地垂迹説を関連して，鎌倉時代末期から室町時代にかけて，『古事記』，『日本書紀』といった神々の物語を新たな発想から本地垂迹説を用いて説明しようとする神話が登場し，この中世神話は「中世日本紀」とも呼ばれる．

4-6　修験道

修験道は日本古来の山岳信仰に，仏教や道教，さらにシャーマニズムや神道が加わり10世紀後半から11世紀にかけて成立したと考えられる．修験道は神仏習合に深く根ざしており，修験者，山伏と呼ばれる呪術宗教者によって担われる．修験道に関して五来重は，本章の冒頭に一部掲げたように，「日本固有の宗教とは何かといえば，罪と穢を人生のすべての禍の根源とする信仰で，これをとりのぞくためには自らの肉体的苦痛であがなわなければならないとする原始宗教である．贖罪は難行苦行の肉体的苦痛で足りるものではなく，生命の一部または全部をすら要求する．肉体と生命の供犠はおそらくもっとも原始的で野蛮な宗教であろうが，修験道はそれをずっともちつづけた「野性の宗教」なのである」（『山の宗教』84/85頁）と述べる．「野蛮な宗教」，「野性の宗教」という規定は独特であるが，この引用は修験道の核心を衝くものでもある．以下で修験道の特色を列挙してみよう．

1）　山岳信仰

修験道が山にたいする信仰を基盤としていることは疑いない．古来より日本人は山を神聖なものとして崇め，またあるときは恐れてきたが，それは山を神の籠もりいます処，神奈備山と見なしたからであり，山そのものが神体とされたりもした（神体山）．五来も「私は原始的修験道の発生を神奈備信仰においている」（『山の宗教』133頁）という．

また山は「他界」とも見なされた．日本人は古くから山を死者の霊，祖先の霊がそこへと赴きそこに安らう他界，霊界として崇めてきた．和歌森太郎は山

岳にたいする信仰について，「そこは霊界であり，死霊・祖霊の休まるところと崇められ，あるいは天界の神々が里人と接する媒体であったし，また魔霊や荒ぶる神々の屯ろするところとして畏怖されもした」(和歌森太郎編『山岳宗教の成立と展開』2頁)と述べるが，祖霊が鎮まる山中は，他界として，人々が天界の神々と出会う場であると同時に荒ぶる神々の場所として恐れられもした．やがて山岳は仏の世界，曼荼羅と捉えられるようになる．例えば吉野金峰山は弥勒浄土，熊野は阿弥陀浄土と見なされるようになるのである．

　さらに山はそこから生活や農耕に欠かせない水を分配し里に供給するところであり，水の供給を支配する水分の神としての山の神にたいする信仰も加わったのである．

　2）　山岳抖擻

　五来は「修験道の本質は山岳を跋渉する決死の抖擻行である」(『山の宗教』89頁)という．修験道では「山岳」を歩き回る修行，「山岳抖擻」が中心となる．ところで五来は，苦行性というところに修験道の特色を見ている．焚身捨身，焚剥指臂といったことは極端だとしても，山岳を跋渉する行は相当に苛酷なものである．この点から五来は，修験道を「野性の宗教」あるいは「野蛮な宗教」，さらに「生命軽視の宗教」とさえ呼ぶのである．

　3）　聖，霊魂，火

　修験者ははじめ験者と呼ばれ，中世以降「山伏」と呼ばれた．修験者はまた聖と呼ばれるが，五来は聖に関して霊魂との関わりで非常に興味深い解釈をする．五来は「修験道のあった山には不滅の聖火がともされていた例はきわめて多く，これが山にあつまる霊魂や始祖霊のシムボルとされていたと推定するのである．そしてこの不滅の聖火を管理する宗教者が「火治り」＝「聖」であった」(『山の宗教』108頁)と考える．すなわち霊が「くしひ」「たましひ」と呼ばれるように「火」に通じることから，「不滅の聖火」の存在をもとにして日本の山岳信仰が霊魂信仰によって支えられてきたことが推し量られ，さらにこの火を統治する「ひじり」こそが山岳信仰の主役になったと考えられるのである．これらのことから五来はこの聖を「修験の原初形態」(『山の宗教』144頁)と見なすのである．

4）　役行者

　修験道の開祖は役小角，すなわち役行者であるとされる．小角は多分に伝説の人物であるが，おそらく天武，持統，文武といった天皇の時代に大和葛木を中心に活躍した呪術者であったと考えられる．小角がはじめて文献に登場するのは『続日本紀』で，そこには小角が葛木山で呪術を用いて活躍していたこと，その能力が人々を惑わすものであるとの讒言により遠流の罪に処せられたことなどが記されている．また人々の噂として鬼神を使役していたことも付け加えられており，呪術宗教者としての小角の性格づけが見て取れる（699年5月24日）．ところが平安時代の『日本霊異記』になると，小角は「役の優婆塞」（優婆塞は在家の仏道修行者）と呼ばれており，その扱いが変化している．もっとも村山修一は小角を「仏教徒でなく呪禁道などを取り入れた道教的陰陽道的呪術宗教家であった」（『修験・陰陽道と寺社資料』44頁）としており，この見方の方が妥当なものであろう．

5）　吉野・熊野地方の曼陀羅世界

　修験道は，ある特定の地域，ある特定の山岳に限定されない．空海がはじめ四国の地を広く回って修行をしていたように，深山幽谷の地では何らかの形で修行の場が拓かれていることが多い．しかしながら白山，羽黒山，英彦山などのように伝統的に修験の霊山とされてきたところもあり，とりわけ吉野・熊野地方は都に比較的近いこともあって多くの修験者によって行場として好まれた．

　吉野・熊野地方は密教の隆盛に伴って吉野側は金剛界曼陀羅，熊野側は胎蔵界曼陀羅と見なされるようになる．また熊野地方は天台系の本山派が本拠地とし，吉野は真言系の当山派が本拠地とした．それにともない熊野から吉野への修行が順峰，吉野から熊野へは逆峰と呼ばれたりもした．また熊野三山の神仏習合に関しては，熊野本宮大社の家津御子神の本地は阿弥陀如来，那智大社の夫須美神の本地は千手観音，新宮速玉大社の速玉神の本地は薬師如来とされた．

　そもそも熊野地方はイザナミの霊を祀る地であり（花の窟），甦りの地とされたところである．また那智大社に続く妙法山には，死者の幽魂が訪れるとされる阿弥陀寺があり，そこでは「薬王菩薩本事品」（『法華経』）に基づいて火生三昧をおこなったとする応照の言い伝えが存在する（『法華験記』）．また院政期に多くの上皇たちが熊野詣をおこなったことはよく知られている．

6) 神仏習合としての修験道

　以上見てきたように修験道は，その祖とされる役行者が道教的神仙道の体現者であることから道教的陰陽道的性格が強いのであるが，吉野・熊野地方が曼陀羅世界と見なされ，熊野本宮大社の本地仏が阿弥陀仏とされることからも，修験道には仏教が深く関わっている．さらに修験の山が祖霊の鎮まるところであり，そこには日本古来の神祇信仰が深く根づいているのである．このように神仏習合を核として当時日本に存在したほとんどすべての信仰がそのなかに見られるところに修験道の特色が，非常に日本的ともいうべき特色が存する．そのためとりわけ海外の研究者たちから，修験道に基づいて日本人の宗教性の特色を読み取ることがなされてきたのである．

5　神道の成立

　私たちは仏教および神仏習合の展開を追った．そこから見えてきたのは，仏教に寄り添いながら，仏教教理の影響のもとにその理論を整えていく神信仰の姿である．神信仰はやがて「神道」と呼ばれるようになるが，この神道という語は慎重に用いる必要がある．すなわち神道は独特の儀礼・思想体系を備えたものであり，日本古来の神祇信仰とは区別して捉えるべきという見方が現在では一般的であり，この意味での神道が形成されるのは中世においてであると考えられる．伊藤聡はいう，「中世において神祇信仰は，本地垂迹説の影響を受けて，仏教における利益衆生の思想（救済論）を取り込んだ宗教に変貌を遂げたのである．「神道」なる語が，現在のような意味で使われ始めたのは，まさにこのような変化の所産であった」（『神道とは何か』281頁）．

　神道は仏教やキリスト教などのいわゆる「言葉の宗教」と異なり，祭りや儀礼の実践を中心とした「行為の宗教」とでも呼ぶべきものから出発した．天神・地祇にたいする原初的信仰，それは6世紀に伝来した仏教によって排除されるのではなく，むしろ仏教から学ぶ形でそれ独自の教義を形成しつつ展開した．神祇信仰と仏教との結びつき，神仏習合は奈良時代，平安時代，鎌倉時代と発展を続けるが，蒙古襲来および南北朝の分立という日本の歴史の大きな転換とともに，その姿を大きく変えることになる．

　蒙古の撤退は蒙古側の事情による．幕府軍の戦力が上回ったわけではけっしてない．たしかに暴風雨は味方したが，これが蒙古軍に壊滅的な打撃を与えたわけでもない．しかるに元寇以降，小国日本の自覚が影を潜め，神国日本を肯定的に捉える論調が芽生える．神信仰が仏教の下位に甘んじるのではなく，仏教と肩を並べ仏教を凌ぐものとの認識が生まれる．「神道」の成立発展はこのような風潮と別物ではない．また南北朝の分立は王権の弱体化をもたらしたが，神信仰そのものが弱体化したわけではない．神信仰が仏教を必要としない，むしろ仏教を凌駕する，このことが具体的な形を取って現れたのが吉田神道である．吉田兼倶（1435-1511）によって始められた吉田神道は，元本宗源神道ともいい，1484 年に建立された大元宮斎場所を中心施設とした．この施設には日本のすべての神々が集められ，それらの根源となる大元尊神とともに祀られている．すなわち彼の元本宗源神道は，神信仰の伝統のみに依るもので仏教からは独立したものという立場である．しかしながらその建前とはうらはらに，彼の神道理論はほぼ密教教義の上に打ち立てられている．それにもかかわらず神道を諸教の根本に据える彼の思想は，近世の宗教に大きな影響を与えたのであって，その意味で吉田神道は中世から近世への橋渡しの役割を担ったといえる．

6　近世以降の日本の宗教

　近世において日本の宗教は大きな変貌を遂げる．それは 3-3 の 2）で触れた南北朝以降の新仏教の展開，前項で扱った神道の成立を受けたものである．近世日本宗教の性格，それは世俗道徳の重視であるといえる．これは中世仏教の中核となった密教からの脱却と一体をなす．そしてこのようは性格は，江戸幕府による儒教の国教化と大きく関わる．なお 16 世紀半ばに伝来したキリスト教は一定数の信者を獲得したが，江戸時代においては禁教政策によって表面上役割を演じることはなかった．

6-1　江戸時代の宗教
　江戸時代の宗教，それは儒教，神道，仏教という三者の関わりによって展開

する．以下でそれぞれについて見ていこう．

1） 儒教

江戸幕府の基本政策は儒教の国教化であり，儒教を基盤とする社会の形成である．儒教は世俗社会での人間関係，その基本となる道徳を重視する．そのさいの儒教は朱子学であった．朱子学は物事の理を究め心を探究する形而上学であるが，身分制を重んじるその倫理道徳は社会の安定に寄与するものと期待された．幕府に登用された林羅山，林の師であった藤原惺窩，また山崎闇斎などによるさまざまな角度からの儒学，朱子学解釈が見られ，またより人間の心のあり方を重視する陽明学も広まった．

2） 神道

近世における神道は，仏教との一体を求めるよりもむしろ，儒教との結びつきを強めようとした．また儒教の方でも神道との関係強化を求めた．吉田神道の系統をひく山崎闇斎の垂加神道は，神道を朱子学の倫理に基づいて理解しようとしたものである．

3） 仏教

大きな武力勢力に成長した仏教教団にたいする警戒感から，残念ながら仏教には幕府から封建体制維持組織としての役割が与えられ，檀家制度を通して戸籍係として人々を管理することとなった．儒教と神道との結びつきに取り残された感のある仏教であるが，それでも神・儒・仏の枠組みは維持され，安定した経済的基盤のもとにそれぞれの宗派の教学研究は盛んにおこなわれた．

しかし天皇中心国家の再興をめざす明治維新へと導いたのは国学である．儒教とも神道とも仏教とも一線を画す国学の進展こそが近代日本の方向を決定することになった．

4） 国学

18世紀における古代への関心の高まりとともに古代への復帰をめざす学，国学が興隆する．国学においてとりわけ重要な人物は本居宣長（1730-1801）と平田篤胤（1776-1843）である．本居は厳密な方法論を重んじる文献学者であったが，文学に表れた「物のあわれ」を知る心を，神のはからいを素直に受け入れる心と解し，その心を神道のうちに見いだす．ここでの神道とは外来の儒教や仏教の影響を受けていない古代の神祇信仰である．たしかに中国の「賢し

ら」にたいする批判，儒教・仏教にたいする批判はあったが，本居においては理念に留まっていたそうした批判を政治的イデオロギーにしたのは平田篤胤および平田派である．平田は，国学の伝統のなかで見いだされた古代の理想を現実のものにしようとする．平田は文献学者であるよりもむしろ宗教家であり，その思想はむしろ復古神道であった．平田の思想は養子鉄胤に受け継がれ，平田派として江戸末期の尊皇攘夷運動を主導することになった．

6-2　明治以降

　明治維新は神と仏を分離した上での神道国教化から始まった．国家神道に導かれ富国強兵に力を注いだ近代日本も，やがて太平洋戦争敗戦とともに終わりを迎える．

　1）　神仏分離から始まる明治維新

　明治元年となる 1868 年，神仏判然令が出され，それまで千年以上続いた神仏習合の歴史が全否定されることとなった．その上で，仏教色を排除した神道の国教化がおこなわれた．このことは当然ながら仏教の否定へとつながり，廃仏毀釈の嵐が吹き荒れることになる．この極端な風潮はやがて収まるが，伝統的宗教の蒙った損害は甚大だったし，国家神道はさらに強化されていく．しかし江戸時代の檀家制度は存続し，生き残った仏教寺院は比較的安定した営みを続けることとなった．

　2）　勃興する新宗教

　江戸時代終盤より日本には多くの新宗教が登場した．それらは在家主義を特徴とする．幕末には中山みきの天理教，黒住宗忠の黒住教，赤沢文治の金光教があり，明治以降は出口なおの大本教，小谷喜美と久保角太郎の霊友会などがある．

　3）　敗戦後の日本

　神国日本は第二次世界大戦の敗北を受け容れた．国家神道は解体させられたが天皇制は残った．それ以来 80 年．経済成長に目を奪われて，心の豊かさがなおざりにされた．そしてついにやってきた檀家制度の揺らぎ．しかし先祖供養の衰退は，じつは仏教の衰えというよりも，儒教精神の否定であることに気づかない人も多い．儒教倫理が失われつつある現代，日本人はどこに向かうの

であろうか.

6-3 現代の日本

現在,葬儀なし,墓なし,檀那寺なしという「三なし」が進行している,正確には進行しているとマスコミによっていわれ,この報道がその進行を加速させている.しかしその実態を正確に把握することは容易ではない.たしかに子供は親の追善供養をする義務を負うという意識,儒教に裏打ちされたこの意識は希薄になってきている.さらに子供をもたずに亡くなる人も増え続けている.しかし何ら宗教儀式をおこなうことなく焼かれる死者を目にするとすれば,私たちは間違いなく辛い気持ちになるだろう.何らかの仕方で死者の霊が安らかに眠ることを願わない人はいない.というのも私たち全員がやがて死者になることは確実なのだから.本書「はしがき」で書いたように,「死後生」は宗教にのみ許されている領域である.死者供養をめぐって,日本の宗教は新たな段階に入るのかもしれない.

終わりに
——日本人の宗教性

これまで見てきたように,日本の宗教は漢訳仏典に拠る仏教を基軸として,中国の思想である道教や陰陽道が織り合わされて展開した.そのなかで成長した神道も,その大きな柱は朝鮮半島の信仰を基にした八幡神であった.国学による日本古来の神祇にたいする過大評価,しかしその発端となった本居宣長の主張は,日本古来の神々にたいする過度の評価というよりもむしろ日本古来の神々に目を向けよ,というものであった.国学の思想に導かれた天皇中心の世の再現としての明治維新,神仏分離などを柱とする維新政府の政策には,宗教の伝統にたいする敬意は見られない.宗教思想の範囲に限っても,明治維新には大きな疑問符をつけざるをえないのである.私たちは日本の宗教の歴史をしっかりと見据えることにより,いま一度「極東の小国日本」の原点に立ち返る必要があるのではないだろうか.

日本には天の神々,地の神々にたいする原初的な多神信仰が存在したと思わ

れるが，そこに思想・儀礼体系を一応完成させた仏教および儒教，道教などの中国の思想が入ってきた．当時支配体制を整え始めていた日本の王権は，仏教を日本の神々と同種のものとして受け入れたが，そののち国家規模で持続的におこなわれた仏教習得の努力のなかで，仏教思想の偉大さが認識されていき，日本の神々が仏教に従属しながら仏教と習合するようになる（神仏習合）．この神仏習合を理解するためにはまず，中国における仏教と道教，仏教と儒教との習合という事態を知らなければならない．日本に伝来した仏教はすでに，儒教や道教と結びついたものでもあった．

　日本人の宗教性の核となるのは「わざわい」を逃れる，すなわち「厄除」ということではないだろうか．厄，わざわい，それはみずからのうちから出たものもあれば，自己の外から降りかかってくるものもある．そのいずれであっても，わざわいの原因を最終的には自己の罪と穢のなかに求めるということ，これは日本人の自然な感情であると思う．このみずからの罪をあがない穢をはらうために，日本人は，財物をささげる，祝詞や仏教経典を読誦するなどといったさまざまな贖罪行為，滅罪行為をおこなってきたと考えられる．仏教も神道も，贖罪行為であり滅罪行為であるという点では変わりがないということ，このことこそがまさに日本の宗教の特色といえるであろう．このような日本人の宗教性は，欧米の宗教概念の根幹をなす「超越神との関わり」という仕方では捉えることができないように見える．たしかに日本人を導いてきた神々，仏教の真理において超越性は希薄である．しかしながら贖罪行為や滅罪行為が蔵された「超越の次元」からの語りかけに導かれるということがないということもできない．むしろ日本の宗教は，日本人の宗教性は〈秘蔵されたもの〉を核として展開した，と見なせるものではないだろうか．〈秘蔵されたもの〉という概念は日本人の宗教性にこそもっともふさわしいもの，ということができるように思われる．

参 考 文 献

伊藤聡『神道とは何か』，中央公論新社〔中公新書〕，2012 年

大林太良『神話と神話学』，大和書房，1994 年

加地伸行『儒教とは何か』，中央公論新社〔中公新書〕，1990 年

京大日本史辞典編纂会編『新編 日本史辞典』東京創元社，1990 年

五来重『山の宗教——修験道』（新版），淡交社，1999 年

末木文美士『日本仏教史』，新潮社〔新潮文庫〕，1996 年

―――『日本宗教史』，岩波書店〔岩波新書〕，2006 年

多度町教育委員会『多度町史』資料編 1，2002 年

逵日出典『八幡神と神仏習合』，講談社〔講談社現代新書〕，2007 年

福永光司『道教思想史研究』，岩波書店，1987 年

宮家準『修験道——その歴史と修行』講談社〔講談社学術文庫〕，2001 年

村山修一『本地垂迹』（日本歴史叢書），吉川弘文館，1995 年

―――『修験・陰陽道と社寺資料』，法藏館，1997 年

義江彰夫『神仏習合』，岩波書店〔岩波新書〕，1996 年

和歌森太郎編『山岳宗教の成立と展開（山岳宗教史研究叢書 1 ）』，名著出版，1975 年

終　章　宗教とは何か

　私たちはこれまで世界の諸宗教の成立と展開を，それら相互の関わりに注目して俯瞰してきた．そして私たちはふたたび冒頭の問いへと還帰することとなる．「宗教はこれまで人類を幸福にしてきたのか」，「現在人々は宗教によって安穏に暮らしているのか」，「宗教は今後も存在し続けるのか」，そしてこれらの問いの前提となる根本の問いは「宗教とは何か」ということになるであろう．

　「宗教は必ずしも人を幸福にするわけではない」，このテーゼは少なくとも現代の日本において一定のコンセンサスを得ている．さらに「宗教は人を幸福にしない」というテーゼでさえ，かなりの人々に受け容れられている．だからといって無信仰がよいのかと問われると，そうともいえない．宗教とはほどほどに付き合う，おそらくこれが日本人が長い歴史を通じて見いだした処世術であり，現在においても妥当するものだと考えて間違いないだろう．しかしこの処世術が国際的にも通用するかと問われると，そうではないことに気づく．もっとも国際的という視点に立とうとすれば，そもそも「宗教」という概念が意味するものが一定でないことが気になるところである．例えば近代社会の多くが採用している宗教と社会生活を切り離すべきという原則は，イスラームには当てはまらない．

　いま「宗教」概念が揺らいでいる．「宗教」がさしあたってユダヤ教，キリスト教，イスラーム，仏教といった具体的な教え，教団を包括する概念であること，このことは確認できるであろう．しかしながらそもそもこれらの教え，教団を包括する概念なるものが存在しうるのであろうか．またユダヤ教，キリスト教，イスラームといった一神教と，真理・智恵による解脱を説く仏教とを同じ概念で扱うことが可能なのであろうか．さらにキリスト教，イスラーム，仏教といういわゆる世界宗教とヒンドゥー教，道教，神道といった民族宗教とを包括することができるのか．しかしそうであるからといって「宗教」という概念を廃棄し，例えば「社会形成」といった概念を使ってみても，今度は逆に

その概念に宗教の固有性をどのように盛り込むのかという問題が浮上するであろう.

　宗教はそれ固有の領域をもつ, このことは否定できないだろう. そしてその固有性が「至高者 (神, 神々)」,「究極的なもの」といった概念で言い表される「あらゆる意味で人間を超えたところ (超越の次元)」との関わりに存することは是認できるだろう. この関わりを通じて人間に「救済」がもたらされること, これこそが宗教の核心であろう. この救済は, 人間が, 全体として, その根底から救われるというもの, 人間存在そのものの救済, つまり「究極的」な救済であることが宗教の特色である. すなわち, 救済を「苦悩からの解放 (解脱)」と言い換えると, 宗教で問題とする苦悩は, 人間存在の根底に根を張る苦悩なのであって, その苦悩の根深さのゆえに, 救済が最終的に人間を超えたところから与えられる, ということが宗教の根本性格である. したがってこの救済は, 人間に超越の次元と関わる場, すなわち「宗教的次元」とでも呼ぶべき場が拓かれることによって可能となるのであり, この拓かれる場は従来「魂」「魂の根底」と呼ばれてきたところ, すなわち人間存在の根底であると考えられる. つまり人間存在の根底に根を張る苦悩は, 人間存在の根底そのものが超越の次元と関わる宗教的な場と化すことによってのみ, そこからの解放が可能になるという性格をもつ. そしてこのように人間存在の根底に宗教的な場が拓かれるとき, 人間存在の質そのものが問いと化すのであって, 宗教は人間の真なるあり方の哲学的探求という面をもつことになる. このようにして超越の次元との関わりによって拓かれる宗教的次元が, 人間存在の真理探究につながることになる. この超越の次元は一神教の固有性をなすものであり, 仏教における真理・智恵もこのような真理探究によって導かれるものであると見なすことが可能だとすれば, このような仕方で一神教と仏教との連関が見えてくることになるであろう.

　この救済を媒介とした超越の次元と人間との関わりにおいて, 人々が集まり教団を形成することが歴史的におこなわれてきた. 一方でたしかに超越者と個人との関わりにおいて成り立つ救済も, もちろん宗教的救済と呼ぶべきものであり, むしろこのような単独者としての人間と超越者との関わりにおいてこそ真の救済が可能となると見なす立場も根強いものがある. しかしながら特定の

超越者のもとに人々の心を一つにした共同体が生まれるということは，宗教の自然な姿だ．ここで肝要となるのはあくまでも，集団としてであれ個人としてであれ，超越者と関わる宗教的次元が真に人間に拓かれるかどうかということであろう．もし宗教的次元が拓かれていない人々が超越者を語って群れをなすようなことがあれば，その集団は信仰共同体とはほど遠いものとなるであろうし，それはたんなる暴力集団となることもあるだろう．このような偽りの宗教団体がもしなかったら人類はより幸福であろう——この推論は十分に首肯されうるものである．

　ところで第1章で見たように，集団の形成と言語の神話形成機能との結びつきをユヴァル・ノア・ハラリは指摘した．いずれにしても宗教と言語とは深く結びついており，宗教は言語現象としてのみ可能であるといえる．というのも人間存在の根底に根を張る苦悩は苦痛とは異なり言語的性格をもつものであり，苦悩からの解放としての救済もまた言語と深く関わるものだからである．およそ宗教は，一神教のみならず超越の次元からの語りかけをもって始まると考えられる．もっとも人間に語りかける超越の次元は人間を超え人間にとって秘密であり続けるので，この語りが預言者と呼ばれる人などを通じて人間の言語として語られ，人間に理解可能な語りとなる場合であっても，超越者の語りのもつ「暗号」「謎」という性格が解消することはないのではあるが．このように救済の言語性はどこまでも動かないものであり，宗教には言語の問題がその中枢に存することになる．言語とは人間の固有性に関わる，人間を根本において成り立たせている人間存在の根本可能性であるが，このことは人間が根本において言語によって制約されているということでもある．したがって宗教の言語性を問い抜く宗教哲学もまた，宗教の根本的な営みであるということができるであろう．もっとも宗教の本質が哲学的に究明されうるものであるのか，という問いは宗教にとって大きなものであるが．というのも世界と人間の根本真理を論理的に解明しようとする哲学にたいして，宗教は「人間の救済」を核とする営みであり，超越の次元との関わり，恩寵といった宗教の根本性格は哲学的論理性とは相容れないもののように見えるからである．しかし例えば初期キリスト教における弁証家たちのように，宗教の教義をギリシア哲学を土台として形成するという仕方でこの相容れないものを結びつけようとした人が多く存在

184

した. そもそもキリスト教は, この宗教哲学的努力を通じて形成されたという面が大きい. そしてさらにヨーロッパの思想は, 宗教と哲学という両者の関わりを通して形成されてきたとさえいえる. しかしそうであるからといって, 宗教の本質が哲学的に究明されうるものであるのかという問いが霧消するわけではない.

宗教を学問的に明らかにする試みの歴史は長い. その過程で, その試みは宗教哲学, 宗教心理学, 宗教社会学, 宗教民族学, 宗教現象学, 宗教史学といった方法論として確立されてきた. これらはそれぞれの視点から, 宗教という現象を究明し明らかにしてきた. もとより宗教現象は複雑に入り組んだ現象であり, さまざまな側面からの解明を必要とする. しかし私たちは, 宗教が救済を媒介とした超越の次元と人間との関わりでありながら, 言語をその必須の要素とする言語現象であることを考慮するとき, その解明に哲学的方法は欠かせないものと考える. なぜならば言語現象を人間存在の根源的言語性において捉え, その言語性を徹底的に掘り下げ究明する営みは, 哲学をおいて他にないからである. 筆者の前著『ハイデッガーの思惟と宗教への問い』は, 宗教哲学による宗教の本質究明をもめざしたものであった. この書において筆者は, 宗教を特徴づける根本概念として「秘蔵されたもの」を提出した. これまで宗教学において, 宗教の根本性格を表す概念として「聖なるもの」が好んで使われてきた. この概念はR・オットーによって確立したもので, キリスト教の枠を超えてあらゆる宗教現象に固有のものを言い表す根本概念として優れたものであるが, それにもかかわらずユダヤ・キリスト教への偏重が認められるなどの理由から, 筆者は, ハイデッガーによるギリシア哲学の根本概念「真理 (アレーテイア)」の洞察に基づいて, 宗教の根本概念として〈秘蔵されたもの〉を導き出した. この概念によって一神教のみならず仏教や日本の宗教までも十全に説明することができると思われる. そこでまず宗教の言語性を振り返り, そののちこの概念の妥当性を検証してみたい.

1 宗教の言語性

宗教は言語と深く結びつく形で成立, 展開しており, 本質的に「言語的現

象」であるということができる．とりわけ創唱宗教という性格をもつ世界宗教においては，創唱者の言葉によって宗教が始まり，その言葉が書き留められ，「教典」となった創唱者の言葉の解釈，他の言語への翻訳をめぐって宗教史が展開する．また例えば「祭りの宗教」として言葉によって始まるとは見えない「神道」が仏教の言語的理論体系に促される形でみずからの教義を形成したように，民族宗教においても言葉の力は無視しえないものがある．宗教と言語との関わりは教典の言葉，説教の言葉，祈りの言葉等々，さまざまな場面で問題となるのであり，また宗教の言葉と〈秘蔵されたもの〉の「鳴り響き」とでもいうべきもっとも元初的なものとの関わりも宗教の根本の事柄である．このもっとも元初的なものを「超越の次元からの語りかけ」と受け取るところから宗教は始まる．この語りかけられるという根本経験は人間存在を根底から震撼させるものであり，言語体験でありながら人間による言語化を拒む体験でもある．この根本経験の言語化をめぐる努力こそが宗教の根本的な営みであるといえるであろう．

　この言語化をめぐる努力は，超越神が預言者を通して直接人々に語りかける場合とそうでない場合とでは異なる性質をもつことになる．まずユダヤ教，イスラームといった唯一神教においては，超越の次元が超越者，神として明確に意識されるが，超越の次元と歴史的世界とはまったく異質なものであるので，この神からの語りかけは，さしあたって人間には理解不可能な謎，「暗号」という性格のものとなる．したがってこれらの唯一神教において神の語りかけは「預言者」を通して，人間に理解可能な言葉として伝えられることになる．預言者とは，神の語りかけを聴きそれを人間の言葉で伝えることによって超越の次元と歴史的世界との「仲介」をなす者である．ここで預言者の語る言葉は，人間の言語でありながら神の語りを直接伝えるものである．しかしながら，この言葉は人間の言語でありながら神によって与えられる神的言語でもある，という預言者の語りの性格はどこまでも問いとして残ることになる．ユダヤ教，とりわけイエス出現以前のユダヤ教は，このような預言者たちによって織り成されたものである．イスラームは，ユダヤ教の影響を受けつつ，神の語りを預言者ムハンマドの言葉を通して伝えるという仕方で成立した．このようにユダヤ教，イスラームといった唯一神教において，「超越の次元が歴史的世界のう

ちにみずからを顕す出来事」と定義される啓示は，超越の次元からの語りかけとして，言葉を通して現れることになる．またキリスト教は，ユダヤ教を母胎としつつ，神が一人子イエス＝キリストをこの世に遣わす——これがキリスト教における啓示である——という仕方で成立した．キリスト教もまた超越の次元が神として意識される一神教であるが，ユダヤ教やイスラームのように神の語りが預言者を通して直接人々に伝えられるということはない．むしろイエス＝キリストの存在そのもの，その死復活を神の語りかけと見なすべきであろう．そしてこの神の語りかけとしてのイエス＝キリスト体験をもつ人たちによって，キリスト教の教典『新約聖書』は成立した．したがってこの教典は神の語りそのものではなく，語りかけられた体験の人間による言語化であり，この言語化の言葉は神的言語といえるわけではないが，たんなる人間の言葉でもないと考えるべきであろう．

　それにたいして仏教は「己事究明」を根本の課題とし，自己の根本的なあり方を問い抜き究明することで救済を求め，その究極において自己本来のあり方に覚めるという仕方で救済に恵まれることになる．このように自己存在への問いとしての仏教において，超越の次元は超越者，神として受け取られることはないが，「恵みがそこから与えられる次元」として感じ取られていると理解することができる．この救済としての恵みの体験は「覚め」「さとり」と呼ばれる事柄と別物ではなく，この究極の事柄は言語化を拒むものであり，「ブッダの沈黙」はこの事態を表している．したがって仏教における覚めの体験の言語化は，言語化不可能性との対決という様相を呈することになる．キリスト教と仏教は，超越の次元を神として受け取るか否かという点ではっきりと異なるが，宗教体験をみずから言語化し，この言語化という仕方で「教典」が成立するという言語をめぐる性格には共通点が見いだされる．しかしながら言語化可能性そのものを問題にするという点で，宗教と言語をめぐるより先鋭化された立場が仏教には認められるのである．

2　宗教と〈秘蔵されたもの〉

　私たちは前節で宗教と言語との関わりに一瞥を与えた．そこでつぎに宗教の

根本概念と見なす〈秘蔵されたもの〉との関係について考えてみたい．まず超越者からの語りかけによって救済がもたらされるとする唯一神教においては，超越の次元に潜む〈秘蔵されたもの〉がみずからの語りをいわば「静寂の鳴り響き」として，言語ということでいえば「言語そのものの語り」として人々に届けることになる．たしかにユダヤ教やイスラームにおいて，この鳴り響き，語りは預言者という特定の人物によって聴かれ人間の言葉によって神の言として人々に伝えられたが，この預言者による言語化は〈秘蔵されたもの〉自身の言語化と理解することもできるだろう．すなわちこの超越の次元に潜む〈秘蔵されたもの〉は，みずからを言葉のうちに移し置きつつ言葉として謎に留まるのであり，私たちは言語化の集成としての「教典」の解釈を通して，言葉のうちに溶け込んだ〈秘蔵されたもの〉と関わることになる．この解釈という仕方での〈秘蔵されたもの〉との関わりは信仰と一体のものである．例えばイスラームでは，神の語りは預言者ムハンマドを通して人間の言葉（アラビア語）で伝えられつつも，その謎的性格ははっきりと自覚されており，その言葉の解釈を補佐すべき預言者の範例（スンナ）やその根拠となる預言者の言動を伝えるハディースは重要なものとなる．このように信仰と一体になりつつ謎としての〈秘蔵されたもの〉が護られていくこと，このことは神への全人格的帰依としてのイスラームの要諦であると宗教学的には考えられる．このように唯一神教においては〈秘蔵されたもの〉としての超越者の言の護持こそが第一義なのであり，言葉を保ち護るという仕方でしか超越者との関わりはない．この護持に適した言葉のあり方が「詩」なのである．またユダヤ教を母胎とするキリスト教では，ロゴスの受肉としての神の一人子イエスによって神と人との和解が成立しており，基本的には神の語りはイエスの存在そのものということになるのであるが，この神の語りにおいてもやはり〈秘蔵されたもの〉は「サクラメント（秘跡）」として保持されており，また教典の「解釈」を重視するプロテスタント神学においてもイエスの出来事における〈秘蔵されたもの〉の護持が忘れられていない．さらに一神教における「神秘主義」の展開は，〈秘蔵されたもの〉とその言語化こそが宗教の根本問題であることを先鋭化して示しているといえる．すなわち神さえも「突破する」神秘主義の立場をも含めて一神教を考えるとき，超越者でもある超越の次元の「秘蔵性」こそが究極のものであり，

「超越者」よりも「聖なるもの」よりも〈秘蔵されたもの〉こそがその核心を表す概念となることに気づかされるのである.

　もっとも一神教において神秘主義はむしろ「異端」とされることが多かったのであるが，この言語化の問題がとりわけその根本問題として自覚され問われ続けたのは，超越的唯一神をもたない仏教においてであった．たしかにさきに見たように，仏教においても「覚め」という決定的な場面に超越の次元からの語りかけが恵みとして届いていると想定することは可能である．しかしながらインドの宗教・哲学の伝統に即すとき，衆生（存在者）を超えた次元を想定するよりもむしろ，衆生（存在者）に潜む〈秘蔵されたもの〉を恵みの根源と理解する方が適切であろう．仏教においては「ブッダの沈黙」が端的に表しているように，〈秘蔵されたもの〉の言語化可能性こそがその宗教の可能性そのものを決定する．この言語化可能性にたいして「詩」（詩的言語）が大きな役割を果たしたことは，仏教経典における基本事項である．さらに多くの仏典において，その語りが「方便」とされ，どこまでもブッダの沈黙に，真理の言語化不可能性にこだわり続けていることからも，言葉によって〈秘蔵されたもの〉が語られつつ語られないという事態が仏教において見つめ続けられたと考えられる．このように世界の大宗教をその本質に適って理解しようと試みるとき，〈秘蔵されたもの〉を根本概念とすることには妥当性があるといえる．また日本の宗教において〈秘蔵されたもの〉は言語化されないままであったとしても日本人の宗教性のうちに潜んでいると考えられ，このことは日本文化の性格にも深い影響を及ぼしていると思われる.

　〈秘蔵されたもの〉は宗教的次元において言語化されつつ，〈秘蔵されたもの〉として語られないものに留まる．そして詩作の言葉こそが，〈秘蔵されたもの〉を〈秘蔵されたもの〉として護りつつ，秘蔵性に留まる真理の言語化可能性として宗教言語にふさわしいものであろう.

3　相互影響史としての宗教の歴史

　これまで見てきたように，さまざまな宗教はそれぞれ，その成立以来それ自身の歴史をもっている．むしろその歴史が宗教そのものであるということさえ

できる．そしていずれの宗教もみずからの真理の絶対性を主張し，他の宗教を
否定する．このみずからの絶対性要求はその神（々）の，あるいは創唱者（始
まり）の絶対性に基づくのであり，みずからの絶対性ゆえに他の宗教からの影
響を否定することになる．しかしながら諸宗教を外から客観的に眺めるとき，
それぞれの宗教はその歴史において，他の諸宗教との関わりのなかで展開して
きたのであり，他の宗教からの影響を否定することはもちろんできない．私た
ちは諸宗教間の相互影響を宗教にとって必須のものと見なしており，宗教史と
はまさに諸宗教のあいだで影響を及ぼし合った歴史，いわば影響作用史である
と考えられる．ユダヤ教，キリスト教，イスラームといったみずからの絶対性
を強く主張する一神教においても，他の諸宗教の存在を前提とし他の諸宗教と
の関わりがその進展にとって決定的な意味をもったのである．とりわけキリス
ト教と仏教といった，その生い立った地盤も性格も大いに異なる二つの宗教が，
その展開において意外と密な関わりをもったことを私たちは見てきたところで
ある．

　宗教にとって欠くべからざる領域，超越の次元，神々の領域は，けっして顕
かにはならない宗教固有の場所，〈秘蔵されたもの〉の場である．この領域は，
人間がそこから生まれそこへと還っていくところとも見られてきた．歴史上の
諸宗教は，この領域を護持しつつ，この領域をさまざまな仕方で描出しつつ展
開してきた．しかしながら描出の仕方はさまざまであっても，この領域そのも
のは諸宗教間で大きく異なるものではないであろう．おそらくは同じところか
ら出立しつつ，諸宗教はその展開において異なる様相を示してきた．諸宗教は
今後もさまざまに展開していくであろうが，私たちはこれからも，世界の諸宗
教に関心をもちつつそのあり方を正確に把捉することに努めなければならない．

参 考 文 献

エリアーデ，ミルチャ，久米博訳，堀一郎監修『宗教学概論1-3』（エリアーデ著作集第
　　1巻-第3巻），せりか書房，1974年．

島薗進・鶴岡賀雄編『〈宗教〉再考』，ぺりかん社，2004年

谷口静浩『ハイデッガーの思惟と宗教への問い――宗教と言語を巡って』，晃洋書房，
　　2019年

土屋博『教典になった宗教』，北海道大学図書刊行会，2002 年

細谷昌志・藤田正勝編『新しい教養のすすめ　宗教学』，昭和堂，1999 年

ミュラー，フリードリヒ・マックス，松村一男・下田正弘訳『比較宗教学の誕生——宗教・神話・仏教』宗教学名著選第 2 巻，国書刊行会，2014 年（初版の訳）．清水友次郎訳『宗教学綱要』1908 年（2 版の訳）．

ワッハ，ヨアヒム，下宮守之訳『宗教学——その科学理論的基礎づけのための序説』，東海大学出版会，1970 年

あ と が き

　本書は 30 年以上にわたって続けてきた龍谷大学での宗教史講義のノートを基に書き下ろしたものである．多くの受講生に拙い講義を聴いていただき，私を成長させていただいた．私はこのことに深く感謝している．そのなかにはいまでもその姿，声をはっきり思い起こせる人も少なくない．本書はその人たちの真剣な視線を感じながら執筆したものである．その意味で本書は学生さんたちの力によって成ったもの，ということができるだろう．さらにさまざまな分野で貴重な御教示をいただいた諸先生方には深く感謝の意を表したい．なお本書には一部，私が以前に書いた「世界の諸宗教」（細谷昌志・藤田正勝編『新しい教養のすすめ　宗教学』第 8 章）および『ハイデッガーの思惟と宗教への問い』から，改稿のうえ取り込んだものがある．

　私は宗教哲学研究としてハイデッガーの宗教への思惟を究明しつつ，同時に実際の宗教の歴史を学びつつ宗教の本質を追究してきた．この両方向の研究が，宗教の核という一点で交わることを期待していた．いわば山岳の両側からトンネルを掘り進め，その最内奥で両者が出会うというイメージであった．前者の研究は数年前，学位論文「ハイデッガーの思惟と宗教への問い」として実を結んだ．じつは本書はこの論考の第二部として構想していたものである．はじめは学術論文の形式で執筆していたが，今回このような形での出版となった．

　巷には宗教に関する入門書が溢れている．とりわけ本書が扱ったような世界の大宗教を短時間でマスターできると謳った書物は枚挙に暇がない．しかし宗教を，宗教の伝統を理解するには，ある程度深いところまで時間をかけて学ぶことが不可欠だ．類書が一見多いなかであえて本書を上梓した理由はここにある．一人の著者によるある程度詳しい宗教史概説は案外少ないのである．もちろん「はしがき」にも書いたが，私はどの分野においても専門家ではない．専門家からすると疑問符が付けられる記述が随所に見つけられるであろうし，学会の最新の研究成果をあまり取り入れていないという点も大いに問題だ．それにもかかわらず，私が学生時代以来取り組んできた「一神教と仏教を包み込む宗教理解」の追求というまなざしが潜む本書には，何人もの研究者による共著

にはない，一人の研究者によるものならではの良さが存すると思う．もちろん私は多くの識者からのご批判に真摯に耳を傾けるつもりでいる．なお読者の便を考え目次を充実させ，代わりにこの種の本では通例になっている事項索引を割愛した．諒とされたい．

　最後になったが龍谷大学での宗教史講義を持続的に可能にしていただいた，龍谷大学名誉教授高田信良先生には衷心より感謝申し上げたい．また本書の出版にさいして晃洋書房編集部の井上芳郎氏には前著に引き続いてたいへんお世話になった．同編集部の佐藤朱氏（編集実務担当）にたいしてとともに篤くお礼申し上げたい．

　　2021 年 5 月

京都にて　谷 口 静 浩

人 名 索 引

《著者紹介》

谷口静浩（たにぐち　しずひろ）

1956 年大阪市生まれ。1985 年京都大学大学院博士課程満期退学。1987/88 年ド
イツ（当時西ドイツ）ボーフム大学哲学科に留学。2017 年文学博士（京都大学）。
現在、龍谷大学、同志社大学非常勤講師。

主な著書に、『ハイデッガーの思惟と宗教への問い』（晃洋書房、2019 年）、『新
しい教養のすすめ　宗教学』（共著、昭和堂、1999 年）、主な訳書に『ディルタ
イ全集　第十巻』（共訳、法政大学出版局、2016 年）がある。

諸宗教の歩み
　　——事実と本質のあいだで——

2021 年 10 月 20 日　初版第 1 刷発行　　＊定価はカバーに
　　　　　　　　　　　　　　　　　　　　　表示してあります

著　者　谷　口　静　浩©

発行者　萩　原　淳　平

印刷者　藤　森　英　夫

発行所　株式会社　晃　洋　書　房

〒615-0026　京都市右京区西院北矢掛町 7 番地

電話　075（312）0788 番㈹

振替口座　01040-6-32280

カバーデザイン 尾崎閑也　　　印刷・製本　亜細亜印刷㈱

ISBN978-4-7710-3527-0

谷口静浩 著

ハイデッガーの思惟と宗教への問い
——宗教と言語を巡って

A 5 判 272頁
定価 3,630円（税込）

マルティン・ハイデッガーの多様な射程をもつ思惟にたいして，「宗教の本質への問い」という切り口からその思惟の核心へと迫る大胆な試み．この書では，ハイデッガーの思惟と宗教への問いとの連関が，言語の問題に光を当てるという仕方で解明される．

晃 洋 書 房